ELOGIOS PARA
Amiga, lávate esa cara

«Si Rachel Hollis te pide que te laves la cara, ¡abre el grifo! Ella es la mentora que toda mujer necesita, desde las nuevas mamás hasta las empresarias más experimentadas».

—**ANNA TODD**, *New York Times* y exitosa autora internacional #1 de la serie *After*

«La voz de Rachel es una combinación ganadora de una mentora personal inspiradora y tu mejor (y la más graciosa) amiga. Este libro es escandaloso, sincero, divertido y tiene los pies en la tierra. *Amiga, lávate esa cara* constituye un regalo para las mujeres que desean prosperar y vivir valientemente una vida auténtica».

—**MEGAN TAMTE**, fundadora y codirectora ejecutiva de Evereve

«No hay suficientes mujeres en posiciones de liderazgo diciéndoles a otras mujeres: "¡VAMOS, HAZLO!". Por lo general, escuchamos a la que ofrece mimos y cuidados; rara vez vemos a la instructora militar. Rachel, con amor, pero con firmeza, nos dice que es hora de dejar de permitir que la cola del perro se menee y de comenzar a vivir nuestras vidas salvajes y preciosas. *Amiga, lávate esa cara* es una dosis de conversación directa de alto octanaje que te sacudirá y te hará seguir esos sueños que tuviste hace mucho tiempo. Amo a esta chica».

—**JEN HATMAKER**, autora exitosa según el *New York Times* de *Por el amor de...* y *Of Mess and Moxie*, y feliz anfitriona en línea de millones de personas todas las semanas

«Rachel tiene una de esas raras habilidades para hacerte reír a carcajadas y también hacerte reconsiderar toda tu vida en un solo párrafo. Sus palabras y este libro son un don, y sabemos que te animarán y retarán profundamente».

— **JEFFERSON y ALYSSA BETHKE**, autores exitosos según el *New York Times* de *Jesus>Religion* y *Love That Lasts*

«En el primer libro de no ficción de Rachel Hollis descubrirás que ella es menos una animadora y más una mentora personal. Por lo que las lectoras no solo terminarán inspiradas, sino que acabarán con las herramientas adecuadas en sus manos para realmente hacer realidad sus sueños. Todo lo que Rachel ofrece es *hacer realidad* los sueños. Y te pasará lo mismo cuando leas su más reciente libro».

— JESSICA HONEGGER, fundadora y codirectora
ejecutiva de Noonday Collection

Amiga, lávate esa cara

Amiga, lávate esa cara

Deja de creer mentiras sobre quién eres para que te conviertas en quien deberías ser

RACHEL HOLLIS

GRUPO NELSON

Desde 1798

Para otros materiales, visítenos a:
gruponelson.com

Publicado en Nashville, Tennessee, Estados Unidos de América. Grupo Nelson, Inc. es una subsidiaria que pertenece completamente a Thomas Nelson, Inc. Grupo Nelson es una marca registrada de Thomas Nelson, Inc. www.gruponelson.com

Título en inglés: *Girl, Wash Your Face*
© 2018 por Rachel Hollis
Publicado por Thomas Nelson, Inc.

Todos los sitios web, números de teléfono o información de compañías y productos impresos en este libro se ofrecen como recursos y no tienen ninguna intención de ser o sugerir un auspicio de Thomas Nelson, ni Thomas Nelson da fe de la existencia, contenido o servicios de estos sitios, números de teléfono, compañías y productos más allá de la vida de este libro.

A menos que se indique lo contrario, todos los textos bíblicos han sido tomados de la Nueva Versión Internacional® NVI® © 1999 por Biblica, Inc.® Usada con permiso.

Cualquier uso de cursivas en versículos bíblicos refleja el énfasis agregado de la autora.

Editora general: *Graciela Lelli*
Traducción: *Omayra Ortiz*
Adaptación del diseño al español: *Mauricio Diaz*

ISBN: 978-1-4041-0986-5 Tapa blanda
ISBN: 978-1-40411-150-9 Tapa dura

Impreso en Estados Unidos de América

19 20 21 22 23 L S C 5 4 3 2 1

A Jen, quien ha sacudido mi cosmovisión fuera de su eje tres veces: una vez con *Interrupted*, la otra con un viaje a Etiopía, y por último enseñándonos que una líder real dice la verdad, aunque se perjudique a sí misma.

CONTENIDO

CONTENIDO

INTRODUCCIÓN

¡Hola, amiga!

Esta es la extensa carta de apertura de mi libro, la parte donde te explico todo lo que espero que ocurra mientras lo lees. Este es el momento en que resumo mis intenciones y —si ya estás dispuesta a seguir leyendo— aquí es donde te animo más contándote lo que puedes esperar lograr. Es también una carta importante para alguien que ahora mismo está en la librería tratando de decidir si debería comprar este libro o *Los trucos transformadores para recoger la casa*... y las palabras que está leyendo en este momento decidirán por ella. Sinceramente parecen demasiados propósitos para una pequeña carta, pero aquí vamos.

Este libro trata sobre un montón de mentiras hirientes y una verdad importante.

¿La verdad? A la larga, tú, y solo tú, eres responsable por

quién llegas a ser y lo feliz que logres ser. Esa es la moraleja. No me malinterpretes. Voy a contarte cien historias divertidas, curiosas, incómodas, tristes o locas, pero cada una pretende llevarte a esta verdad concisa, contundente y digna de Pinterest: tu vida depende de *ti*.

Sin embargo, esa verdad nunca será creíble si primero no entiendes todas las mentiras que se le interponen. Entender que eliges tu propia felicidad, que tienes el control de tu vida, es muy importante. Es una de esas cosas que sostenemos con las dos manos y la colocamos en el tablón de anuncios como un recordatorio... pero no es lo único que tienes que entender.

También tienes que identificar —y destruir sistemáticamente— cada mentira que te has dicho a ti misma durante toda tu vida.

¿Por qué?

Porque es imposible ir a un lugar nuevo, *llegar a ser* una persona nueva, sin reconocer primero dónde estás. Esa conciencia de ti misma que viene de indagar verdaderamente lo que has creído sobre tu persona resulta invaluable.

¿Alguna vez has creído que no eres suficiente? ¿Que no eres no lo bastante delgada? ¿Que es difícil amarte? ¿Que no eres una buena mamá? ¿Alguna vez has creído que mereces que te maltraten? ¿Que nunca lograrás nada?

Todas esas son mentiras.

Todas son mentiras perpetuadas por la sociedad, los medios de comunicación, nuestro ámbito familiar, o francamente —y aquí se está asomando la pentecostal en mí— por el diablo mismo. Estas mentiras son peligrosas y devastadoras para nuestra autoestima y nuestra capacidad de desempeñar nuestras tareas. Lo más siniestro sobre ellas es que muy rara vez las escuchamos todas. Pocas veces oímos las mentiras que hemos creado sobre nosotras mismas, porque han estado sonando tan alto en nuestros oídos y por tanto tiempo, que se han convertido en un ruido de fondo. La narrativa de odio nos bombardea todos los días, pero no nos percatamos que está ahí. Reconocer las mentiras que hemos estado aceptando sobre nosotras es la clave para llegar a convertirnos en una mejor versión de nosotras mismas. Si podemos identificar la raíz de nuestras luchas y al mismo tiempo entender que realmente tenemos el control para conquistarlas, entonces podemos cambiar del todo nuestra trayectoria.

Por eso hago lo que hago. Por eso tengo un sitio web y hablo sobre cómo hacer un centro de mesa, o educar con amabilidad, o fortalecer el matrimonio. Por eso estudié treinta maneras distintas de limpiar una lavadora de carga frontal antes de enseñarle a mi tribu cómo hacerlo. Por eso conozco la proporción perfecta de balsámico y cítrico para que tu estofado quede delicioso. Claro, cubro un sinfín de temas en mi plataforma virtual, pero a la larga todo se reduce a una cosa: son componentes de mi vida y quiero hacerlos bien. Mis publicaciones muestran cómo estoy creciendo y aprendiendo, y quiero que otras mujeres crezcan y se animen a lograrlo también. Supongo que, si me hubiera interesado la enseñanza en el hogar o hacer punto o la fotografía o el macramé, habría usado esas cosas para tratar de superarme y animar a mis amigas. Pero ese tipo de cosas no me interesa. Me interesan las cuestiones acerca de los estilos de vida, así que me dedico a crear contenido bajo la categoría de material sobre estilos de vida.

Sin embargo, al comienzo de esta carrera noté que muchas mujeres miran las imágenes de estilos de vida como algo a lo que ellas *deberían* aspirar. Muchas de esas imágenes son imposibles —otra verdad que nos han impuesto— así que decidí ser franca desde el principio. Prometí ser auténtica y sincera, y por cada foto tomada de un pastel diseñado maravillosamente, también compartí una foto mía con parálisis facial. Si iba a un evento elegante como la entrega de los premios Óscar, lo balanceaba con un artículo sobre mi lucha por perder peso e incluía fotos en las que pesaba dieciocho kilos más. He hablado de todo: los problemas en mi matrimonio, la depresión postparto, y el sentirme celosa, asustada, enojada, fea, indigna y no amada. He tratado de ser absolutamente auténtica sobre quién soy y cuál es mi intención. En serio, lo más famoso que he hecho fue publicar en la Internet una foto de las estrías en mi barriga flácida. Y aun así...

Aun así, sigo recibiendo notas. Mujeres de todas partes del mundo me siguen escribiendo correos electrónicos y me preguntan cómo me las arreglo para no desmoronarme, mientras que a ellas les cuesta trabajo. Puedo *sentir* el dolor en esos mensajes. Puedo escuchar la vergüenza en las palabras que usan para describir sus dificultades, y eso hace que me duela el corazón.

Así que les respondo. Les digo que son hermosas y fuertes. Las llamo *guerreras*, *valientes*, *luchadoras*. Les pido que no se rindan. Me parece que son las palabras apropiadas para personas completamente desconocidas. Sin embargo, no es todo lo que quiero decir. No es lo que le diría a mi hermana o a mi mejor amiga si estuvieran sufriendo. No es lo que me gustaría decirle a la versión más joven de mí misma. Porque si bien es cierto que apoyo y aliento a mis seres queridos... también me niego rotundamente a verte revolcándote en tu propia miseria.

La verdad es que *sí* eres fuerte y valiente y luchadora... pero si te lo digo es porque quiero que veas en ti estas características. Quiero agarrarte por los hombros y sacudirte hasta que te rechinen los dientes. Quiero pararme frente a tu cara hasta que te armes de valor para mirarme a los ojos y ver la respuesta por ti misma. Quiero gritar a todo pulmón hasta que entiendas esta gran verdad: tú tienes el control de tu vida. Tienes una oportunidad y solo una para vivir, y la vida se te está escapando. Deja ya de atormentarte, y caramba, no permitas que nadie lo haga tampoco. No sigas aceptando menos de lo que mereces. Deja de comprar cosas que no puedes costear para impresionar a gente que ni siquiera te cae muy bien. No sigas tragándote tus sentimientos en lugar de enfrentarlos. Deja de comprar el amor de tus hijos con comida, o juguetes o amigos, porque es más fácil que criarlos. No sigas maltratando tu cuerpo y tu mente. ¡Detente ya! Simplemente abandona ese camino interminable. Tu vida debe ser un viaje de un lugar único a otro; no debe ser un carrusel que te trae al mismo sitio una y otra vez.

Tu vida no tiene que parecerse a la mía. ¡Caray! Tu vida no tiene que parecerse a la de nadie, pero al menos debería ser una creación propia.

¿Va a ser difícil? ¡Absolutamente! Sin embargo, tomar el camino fácil es la receta para terminar en el sofá, con veinte kilos de sobrepeso, conforme la vida pasa de largo.

¿Cambiará todo de la noche a la mañana? ¡Claro que no! Este es un proceso de toda la vida. Probarás diferentes herramientas y técnicas, y si bien algunas te parecerán bastante buenas, tal vez sientas que una es la respuesta, mientras que las otras treinta y siete serán basura. Luego, te levantarás al día siguiente y lo harás otra vez. Y otra vez. Y otra vez.

Y vas a fallar.

Y tendrás recaídas. Te comerás la mitad del pastel de cumpleaños cuando nadie te esté mirando, o le gritarás a tu esposo, o tomarás demasiado vino durante todo un mes. Tropezarás, porque así es la vida y simplemente así son las cosas. Pero una vez que entiendas que eres *tú* quien en realidad tiene el control de tu vida, te levantarás y lo intentarás otra vez. Y seguirás haciéndolo hasta que estar en control resulte más natural que estar fuera de control. Esto se convertirá en una forma de vivir y llegarás a ser la persona que estás predestinada a ser.

Vale la pena preguntar, justo aquí y antes de continuar, qué papel juega la fe en todo esto. Como cristiana, me enseñaron desde pequeña que Dios lo controla todo, que Dios tiene un plan para mi vida, y creo en lo más profundo de mi ser que esto es cierto. Creo que Dios nos ama incondicionalmente a cada una de nosotras, pero no creo que esto signifique que podemos desperdiciar los dones y talentos que él nos ha dado solo porque ya somos lo suficiente buenas. Una oruga es maravillosa, pero si la oruga se detuviera ahí —si decidiera que *buena* es *suficientemente buena*— nos perderíamos la hermosa criatura que llegaría a ser.

Eres más de lo que crees ser ahora.

Eso es lo que quiero decirles a las mujeres que me escriben pidiéndome consejos. Quizás no sea fácil de escuchar, pero esta dulce verdad sigue a ese conocimiento: eres más de lo que has llegado a ser, y tiene el control total de lo que hagas con ese conocimiento.

Y esto me dio una idea.

¿Qué tal si escribiera un libro completo sobre todas las dificultades que he enfrentado y luego explicara los pasos que me ayudaron a superarlas? ¿Qué tal si hablara de todos mis fracasos y mis momentos vergonzosos? ¿Qué tal si supieras que mi mayor vergüenza es que a veces me enojo tanto que les grito a mis hijos? No es que chille, ni que alce la voz ni que los regañe con firmeza, sino que les grito tan alto que siento ganas de vomitar cuando lo recuerdo más tarde. ¿Qué tal si escucharas que ahora mismo tengo por lo menos tres caries en mi boca porque me da pavor ir al dentista? ¿Qué tal si hablara de mi celulitis o de esa cosa rara que parece un tercer pecho que me sale entre el brazo y mi pecho real cuando me pongo una blusa sin mangas? ¿Ya mencioné la grasa en la espalda? ¿O el pelo que crece en el lunar que tengo en la cara? ¿O de mis inseguridades? ¿Qué tal si empezara un libro contándote que me oriné en los pantalones ya de adulta, siendo una mujer completamente desarrollada, y que no fue la primera vez, ni sería la última? ¿Y qué tal si te dijera que a pesar de mis confesiones —ya sean graciosas, vergonzosas, dolorosas o desagradables— estoy en paz conmigo misma? ¿Que me encanta quien soy aun cuando hago cosas de las que no me siento orgullosa? ¿Y que es posible porque sé que, a fin de cuentas, tengo el control en lo que respecta a cambiar? Tengo el control sobre la persona que llegaré a ser. Por la gracia de Dios, me levantaré mañana y tendré otra oportunidad para hacer de esta vida algo mejor. Por la gracia de Dios, he vivido treinta y cinco años *esforzándome* al máximo en algunas áreas de mi vida (como la creación de guisos a base de quesos) en las que soy todo un genio. Y en otras áreas (como el control de mi ansiedad) estoy constantemente trabajando en diferentes perspectivas para atacar el mismo problema.

Es una jornada de toda la vida, pero tengo la certeza de que todos los días estoy aprendiendo y creciendo, y esto me permite sentirme en paz conmigo misma.

¿Las cosas con las que he luchado? ¿Las mentiras que he creído sobre mí misma durante tanto tiempo?

La lista tiene un kilómetro de largo. En realidad, es tan larga que decidí dedicarle un capítulo a cada una. Cada sección de este libro comienza con una mentira que he creído, y lo que sigue son las historias de cómo esa mentira particular me reprimió, me hirió, y en algunos casos provocó que hiriera a otras personas. Sin embargo, al reconocer estas mentiras, las he despojado de su poder. Te contaré a cerca de los cambios que he hecho en mi vida para superar mis luchas... algunas para siempre, y otras como un baile en constante evolución entre mí misma y las inseguridades de toda la vida.

¿Cuáles son mis inseguridades? Bueno, aquí te presento algunas de las más grandes y las peores, sin un orden en particular. Es mi deseo que te alienten. Espero que las ideas te sean útiles. Y más que nada, espero que descanses en el conocimiento de que puedes convertirte en quienquiera y lo que sea que quieras ser, mi dulce amiga. Y en los días que parezcan más difíciles, recuerda que —ya sea una pulgada o una milla— el único requisito es que te impulses hacia adelante.

Con amor,
Rach

CAPÍTULO 1

La mentira:

OTRA COSA ME HARÁ FELIZ

Me oriné encima la semana pasada.

No fue que vacié *completamente* mi vejiga, como aquella vez en el campamento de verano cuando tenía diez años. Estábamos jugando a atrapar la bandera y no pude aguantarme ni un segundo más. No quería reconocer que me había orinado encima, así que me mojé con una botella de agua. ¡Imagínate! Si toda mi ropa estaba mojada, nadie —en especial Christian Clark, el muchacho que me gustaba en el campamento— se daría cuenta. Ya desde entonces era muy ingeniosa.

¿Le pareció extraño a la gente que de pronto estuviera empapada?

Probablemente.

Pero prefiero ser una cosa rara que una meona, sin pensarlo dos veces.

En cuanto a la semana pasada, no fue *ese* nivel de orinarme encima. Esto fue simplemente el tipo de goteo regular que grita he-pujado-tres-bebés-fuera-de-mi-cuerpo.

Dar a luz a un bebé es como el lanzamiento de un transbordador espacial. Todo queda destruido en el despegue, lo que significa que, a veces, me orino encima. Si este conocimiento lastima tu tierna sensibilidad, entonces voy a suponer que nunca has tenido problemas para controlar tu vejiga... y te ofrezco mis felicitaciones. Sin embargo, si mi experiencia tiene algún sentido para ti, posiblemente también tengas este problema... y eso quiere decir que acabas de reírte, porque has pasado por el mismo aprieto.

Estaba en el patio brincando con mis hijos en la cama elástica, y alguien me gritó que mostrara orgullosamente el salto donde toco mi dedo del pie mientras estoy en el aire. Esa es mi única destreza en la cama elástica, y si voy a tener las agallas para brincar en esa trampa mortal impulsada por resortes, puedes estar segura de que voy a dar el todo por el todo. En un segundo estaba surcando los aires como una de esas chicas extra delgadas a las que lanzan en una competencia de porristas, y en el siguiente, mis pantalones estaban mojados. Nadie lo notó —a menos que hablemos de mi orgullo— pero sí sucedió. Tuve que seguir brincando para que la brisa continua secara mis pantalones cortos. Soy ingeniosa, ¿te acuerdas? El momento no pudo haber sido más oportuno, porque apenas unos treinta minutos más tarde, subió un post de Facebook previamente programado donde aparecía probándome vestidos para los premios Óscar.

Antes de que tengas una impresión equivocada, no soy lo suficiente glamorosa para asistir a los premios de la Academia. Sin embargo, sí estoy casada con alguien ultra guapo. En realidad, él tampoco es muy glamoroso, pero su trabajo sí lo es. Eso significa que a veces tengo la oportunidad de ponerme vestidos como una princesa y beber vino gratis en salas de baile muy bien iluminadas. En estas ocasiones, aparecen fotos en Instagram o Facebook en las que lucimos bien peinados y deslumbrantes, y la Internet se vuelve loca. Esto abre las puertas para que la gente me escriba sobre lo glamorosa que es mi vida y lo elegante, a la moda y perfecto que debe ser mi mundo. Y lo único que puedo pensar cuando leo esos comentarios más tarde es: *Me acabo de orinar encima, delante de otros seres humanos.* Literalmente, fui al baño *en el aire* al tiempo que trataba de forzar el tendón de la corva en posiciones de gimnasia anormales para poder impresionar a mi hijo de tres años.

Amiga, soy la persona menos glamorosa que te puedas imaginar.

Y no lo digo en el sentido de que las celebridades *son como tú y yo.* No es como aquella vez que Gwyneth se apareció sin maquillaje, con su cutis perfecto y su pelo rubio angelical, y trató de convencernos de que era una chica normal y corriente en su camiseta de cuatrocientos dólares.

No, estoy hablando literalmente.

No soy glamorosa. Soy, al mil por ciento, una de las personas más *nerd* que puedas conocer. Si de alguna manera he logrado convencerte de lo contrario porque manejo un sitio web sobre estilos de vida con fotos bonitas, o porque a veces mi pelo se ve súper lustroso en Instagram, bueno, hermana, permíteme decirte algo. No soy una esposa perfecta, ni una madre perfecta, ni una amiga o jefa perfecta, y mucho menos una cristiana perfecta. Ni. Siquiera. Cerca. No soy perfecta en nada de lo que hago —bueno, excepto en preparar y comerme platos con algún queso como ingrediente principal— pero, ¿en todo lo demás, en cuestiones de la *vida*? Oh, amiga, ahí estoy pasando apuros.

Siento que es importante decirte esto. Tan importante como para en realidad escribir todo un libro alrededor de la idea, porque quiero asegurarme de que lo *escuches*.

¡Soy increíblemente imperfecta! Imperfecta en lo importante. Imperfecta en los detalles. Imperfecta en todas las maneras en que se puede ser imperfecta. Y *me gano la vida diciéndoles a otras mujeres cómo mejorar sus vidas*. Yo... la de las rutinas de ejercicios y las cremas exfoliantes que puedes hacer en casa. Yo... la de las ideas para cocinar la cena de Acción de Gracias y la lista detallada sobre cómo criar a tus hijos. Yo... estoy fallando.

Todo. El. Tiempo.

Esto es importante, porque quiero que entiendas, mi dulce y querida amiga, que *no estamos dando la talla. No obstante*, a pesar de que fallo una y otra y otra vez, no permito que eso me desaliente. Sigo levantándome cada día y trato de convertirme en una mejor versión de mí misma. Algunos días siento que me estoy acercando a la mejor versión de mí. Otros días ceno queso crema. Sin embargo, el regalo de la vida reside en que mañana tenemos otra oportunidad.

En algún punto del camino las mujeres recibimos la información incorrecta. O, mejor dicho, recibimos *tanto* de la información incorrecta que nos lavamos las manos de todo el asunto. Vivimos en una sociedad de «todo o nada» que dice que necesito lucir, actuar, pensar y hablar a la perfección, o que simplemente tire la toalla y deje de intentarlo.

Esto es lo que más me preocupa: que dejes de intentarlo. Recibo notas de mis lectoras y veo miles de comentarios en mis redes sociales. Algunas se sienten tan abrumadas por sus vidas que se han dado por vencidas. Son como un artículo desechado en el mar que la marea mueve de un lado para otro. Te cuesta tanto trabajo mantenerte en el juego que prefieres dejar de jugar. Ah, seguro, todavía estás aquí. Sigues yendo a trabajar, sigues preparando la cena y cuidando a tus hijos, pero siempre estás tratando de ponerte al día. Sientes que siempre estás atrás y abrumada.

No se supone que la vida te agobie todo el tiempo. El propósito de la vida no es que simplemente la sobrevivas... se supone que *vivas*.

Hay temporadas y ocasiones que inevitablemente te harán sentir fuera de control, pero se supone que los momentos en que sientes que te estás ahogando sean breves. ¡No deberían ser toda tu existencia! La preciada vida que has recibido es como un barco que está surcando el océano, y se supone que seas la capitana de la embarcación. Sin duda, hay momentos en que las tormentas te zarandean, o cubren la cubierta con agua, o parten el mástil justo a la mitad, pero es entonces cuando tienes que abrirte camino para sacar toda el agua del barco cubo a cubo. Es aquí cuando luchas para retomar el timón. Esta es *tu* vida. Fuiste creada para ser la heroína de tu propia historia.

Esto no quiere decir que te vuelvas egoísta. No significa que deseches tu fe ni que dejes de creer en algo más grande que tú misma. Lo que quiere decir es que tienes que asumir la responsabilidad por tu vida y tu felicidad. Dicho de otra manera —de una forma más dura y que probablemente me ganará un puño en la cara— si eres infeliz, *es tu culpa*.

Cuando digo infeliz, quiero decir *infeliz*. No me refiero a *deprimida*. La verdadera depresión tiene mucho que ver con tu código genético y el balance químico en tu cuerpo. Como alguien que ha batallado personalmente con la depresión, siento una compasión inmensa por cualquiera que esté pasando por esto. Tampoco quiere decir *tristeza*. La tristeza o la pena causadas por circunstancias fuera de tu control —como la muerte de un ser amado que destroza tu alma— no es algo de lo que puedas salir rápida o fácilmente.

La tristeza y el dolor son sentimientos con los que tienes que lidiar y debes llegar a conocer, o nunca podrás seguir adelante.

Cuando digo infeliz, me refiero a descontenta, intranquila, frustrada, enojada... cualquiera de las muchas emociones que hacen que deseemos escondernos de nuestras vidas en lugar de recibirlas con los brazos abiertos como un himno de fe. Porque las personas felices —las que disfrutan su vida noventa por ciento del tiempo— sí existen. Las has visto. En realidad, una de ellas escribió el libro que estás leyendo ahora mismo.

Básicamente, pienso en lo que la gente está comentando en mis fotos. Me escriben: «Tu vida parece tan perfecta», pero creo que lo que quieren decir es: «Tu vida parece feliz. Te ves contenta. Siempre te muestras optimista y agradecida. Siempre te estás riendo».

Quiero explicarles por qué...

Yo no tuve un comienzo fácil. En realidad, si soy sincera, la palabra que usaría para describir casi toda mi niñez es *traumática*. Nuestra casa era un caos... con las subidas más altas y las caídas más bajas. Había grandes fiestas con familiares y amistades, seguidas de gritos y peleas y llanto. Huecos del tamaño de un puño aparecían en las paredes y los platos se hacían añicos en el piso de la cocina. Mi papá usaba la ira para manejar su estrés; mi mamá no salía de la cama en semanas para manejar el suyo. Como casi todos los niños y las niñas que crecieron así, yo no sabía que existía otra manera de ser una familia.

Y entonces, cuando tenía catorce años, mi hermano mayor, Ryan, se suicidó. Todo lo que vi y pasé aquel día me perseguirá por el resto de mi vida, pero también me transformó de una manera fundamental. Yo era la menor de cuatro hijos y hasta aquel día había pasado mi vida prácticamente ignorante con respecto al mundo más allá de mi casa. Sin embargo, cuando Ryan murió, nuestra casa, que ya era turbulenta y problemática, se hizo añicos. Si la vida ya era difícil antes de que muriera, después se hizo insostenible.

Maduré aquel día. Y en medio de la angustia, el miedo y la confusión de su muerte, reconocí una gran verdad: si quería una vida mejor que aquella que había recibido al nacer, tenía que crearla por mí misma.

El año en que Ryan murió me encontraba en primer año de secundaria e inmediatamente comencé a tomar todas las clases posibles para graduarme en menos tiempo. En mi tercer año recibí mi diploma y me mudé a Los Ángeles, la ciudad grande más cercana a mi pequeña ciudad natal en California. Para este ratón de campo, LA parecía el lugar donde cualquier sueño podía hacerse realidad. Tenía diecisiete años, ni siquiera contaba con la edad suficiente para solicitar una línea telefónica o firmar el contrato de arrendamiento de mi apartamento sin la autorización de un adulto, pero en lo único en que podía enfocarme era en que finalmente estaba escapando. Por años había vivido en el caos de la casa de mi niñez pensando: *Algún día voy a salir de aquí y entonces seré feliz.*

¿Cómo no iba a ser feliz en Los Ángeles? Absorbí cada centímetro de este desde el segundo que mis pies tocaron el suelo. Me sumergí en la energía frenética de Hollywood y me ajusté al ritmo de las olas rompiendo en la orilla a lo largo de la autopista del Pacífico (PCH). El perfil multidimensional de la ciudad me hacía sentir cosmopolita. Agradecía el tipo de panoramas que solo una forastera podía apreciar.

La mayoría de las personas no se fija en los árboles en Beverly Hills. Están demasiado ocupadas codiciando las mansiones que están debajo de ellas, pero una de las primeras cosas en las que me fijé fueron los árboles. Me regodeaba en la belleza por puro gusto, pues aquello no existía en el lugar donde yo había crecido. El caso es que todos los árboles en Beverly Hills hacen juego. En cualquier calle, en cualquier esquina, y aun en medio del caos de una ciudad bulliciosa, verás una fila tras otra en perfecta simetría: una colección de pinos de las Islas Canarias y árboles de alcanfor y palmas datileras. Al principio del siglo veinte, el arquitecto paisajista original los sembró así. Ellos abrazan las calles anchas en filas meticulosas y como centinelas silentes de una de las ciudades más ricas del mundo. Después de toda una vida de caos, me deleitaba en el orden.

Finalmente, pensé, *estoy donde pertenezco*.

El tiempo pasó y las estaciones cambiaron, y mi nueva ciudad con el tiempo me enseñó una de las lecciones más vitales que haya aprendido. ¿Mudarse o viajar o escapar? Es simplemente geografía. Mudarte no cambia quién eres. Solo cambia la vista desde tu ventana. Tienes que *elegir* ser feliz, sentirte agradecida y realizada. Si tomas esa decisión todos los días, independientemente de dónde estés y lo que esté sucediendo, serás feliz.

Tengo la oportunidad de ver a mi mejor amiga, Amanda, varias veces al año. Cada vez que pasamos tiempo juntas hablamos hasta que se nos seca la garganta y nos reímos hasta que nos duelen las mejillas. Amanda y yo nos divertimos tanto en la sala de mi casa como lo haríamos en una playa en México. Ahora bien, sin duda México es más lindo, el clima es más agradable y tendríamos mejor acceso a esos cocteles con sombrillitas adentro... pero podemos pasarla bien ya sea en mi patio o detrás del contenedor de basura al fondo de Walmart, porque sencillamente nos encanta estar juntas. Cuando estás comprometida e involucrada, y eliges disfrutar tu propia vida, no importa dónde te encuentres, ni francamente, las cosas negativas que te rodeen. Encontrarás felicidad de todas maneras, porque no se trata de *dónde* estás, sino de *quién* eres.

LAS COSAS QUE ME AYUDARON...

1. *Dejé de compararme.* Dejé de compararme con otras personas, y también dejé de compararme con quienquiera que pensaba que se suponía que fuera. La comparación es la asesina de la alegría, y solo tienes que ser mejor que la persona que eras ayer.

2. *Me rodeé de personas y cosas positivas.* Me encojo de solo escribir esto, porque suena como un afiche que verías pegado en la pared de la clase de gimnasia de tu hijo en octavo grado; pero cursi o no, es la pura verdad. Te conviertes en lo que te rodea. Te conviertes en lo que consumes. Si te encuentras en una crisis o sientes que estás viviendo en un espacio negativo, observa cuidadosamente a quién y qué ves todos los días.

3. *Descubrí qué me hace feliz y hago esas cosas.* Esta parece la idea más obvia en el mundo, pero a la larga, muy pocas personas eligen intencionalmente las cosas que las hacen felices. No, no estoy diciendo que puedes edificar una vida alrededor de masajes y cenas fastuosas (¡o tal vez sí puedes y mira qué bien!). Lo que quiero decir es que deberías pasar más tiempo haciendo lo que alimente a tu espíritu: salir a dar más caminatas largas con tu perro, hacer menos trabajo voluntario por esa cosa que realmente detestas, pero con la que te sientes obligada. Hermana querida, eres responsable de tu vida, y no hay nada en ella que no *permitas* que esté ahí. Piensa en ello.

CAPÍTULO 2

La mentira:

EMPEZARÉ MAÑANA

No puedo contar la cantidad de dietas que he intentado. No puedo decirte cuántas veces he hecho planes para ir al gimnasio y después los he cancelado. ¿La cantidad de medios maratones en los que me inscribí, pagué la cuota y después discretamente fingí que no me acordaba cuando llegó el momento de en verdad entrenar para ellos? Dos. ¿Las veces que he declarado: «¡De ahora en adelante voy a caminar una milla todas las mañanas antes de trabajar!» y luego no paso del tercer día?

Infinitas.

Tuve este hábito por años, como tantas otras mujeres. Hablamos de lo que nos gustaría ser, hacer, intentar y lograr, pero cuando llega el momento de *hacerlo* realmente, tiramos la toalla antes de empezar.

Tal vez hayamos creado este hábito porque crecimos observando ese patrón. Las revistas y los programas de televisión se enfocan muchísimo en qué hacer cuando nos «caemos del vagón», en vez de enseñarnos desde el principio cómo no caernos. A veces la vida se complica y los planes que hacemos no resultan, pero cuando esto se convierte en algo tan habitual que las promesas que hacemos tienen muy poco poder real en nuestras vidas, entonces tenemos que verificar qué está sucediendo.

Hace unos meses, salí a cenar con mis amigas más cercanas. Fue una hora feliz improvisada que se convirtió en una cena improvisada, que terminó mucho más tarde de lo que anticipábamos. Cuando llegué a casa ya los niños estaban acostados y Dave estaba metido de lleno en su juego *Major League Ball* o *Hard Hitting League* o cualquiera sea el nombre del juego de béisbol que ha jugado todas las noches durante los pasados dos años de nuestro matrimonio (sin lograr ningún progreso del que yo esté al tanto). Así que le di un beso, comentamos un poco sobre su día, y después bajé al sótano donde escondemos nuestra vieja caminadora y corrí unas pocas millas.

Subí a Snapchat la evidencia de mi sesión de ejercicios, y más tarde mi amiga lo vio y me envió un mensaje de texto. ¿Hiciste ejercicio después de cenar? ¿Estás loca?

Le contesté: *Sí, porque había planeado hacerlo y no quería cancelarlo.*

¿No podías posponerlo hasta mañana? Ella estaba genuinamente sorprendida.

No, porque me hice una promesa y esas no dejo de cumplirlas, nunca.

Vaya, me escribió. *Las PRIMERAS promesas que no cumplo son las que me hago a mí misma.*

Ella no es la única. Solía hacerlo todo el tiempo hasta que me di cuenta de lo mucho que me esforzaba para cumplir mi palabra con otras personas y lo rápido que la cancelaba conmigo misma. *Voy a hacer ejercicio mañana* se convirtió en *No voy a hacer ejercicio en un futuro cercano*; porque, a decir verdad, si te preocupara realmente ese compromiso, lo harías cuando dices que lo vas a hacer. ¿Qué tal si tuvieras una amiga que te deja plantada constantemente? ¿Qué pasaría si todas las veces que hacen planes ella decidiera no presentarse? ¿Qué tal si te diera excusas tontas como: «De verdad quisiera verte, pero estoy mirando un programa de televisión que está buenísimo»?

¿O qué tal si una amiga en el trabajo empezara constantemente algo nuevo? ¿Si cada tres lunes anunciara una dieta o una meta nueva, y que a las dos semanas simplemente la dejara a un lado? ¿Y qué si la pusieras en evidencia: «Oye, Pam, pensé que estabas haciendo la dieta Vegetales30»? Mientras tanto, Pam está sentada en el salón de descanso comiéndose una pizza con tocino y jamón, y te explica que *estaba* haciendo la dieta Vegetales30, y que aunque la hacía sentir muy bien, a las dos semanas de empezarla fue el cumpleaños de su hijo y no pudo resistirse al pastel, y después decidió que no tenía sentido continuar. Ahora, había recuperado las libras perdidas y algunas extras.

¿La respetarías? ¿A esta mujer que empieza y se detiene una y otra vez? ¿Confiarías en Pam o en la amiga que sigue dejándote plantada por razones estúpidas? ¿Confiarías en ellas cuando se comprometen con algo? ¿Les creerías cuando se comprometen contigo?

No.

De ninguna manera. Y ese mismo nivel de desconfianza y aprensión también se aplica a ti. Tu subconsciente sabe que no puede confiar en ti, en tu propia persona, después de haber roto tantos planes y haber renunciado a tantas metas.

Por otro lado, ¿has conocido a alguien que siempre haya cumplido su palabra? Si te dicen que vienen, puedes esperarlos diez minutos antes. Si se comprometen con un proyecto, puedes estar segura de que lo terminarán. Te dicen que se inscribieron para correr su primer maratón y desde ya te asombras, porque sabes con certeza que lo completarán. Cuando este tipo de persona se compromete con algo, ¿con cuánta seriedad aceptas su compromiso?

Espero que veas mi punto aquí.

Si constantemente haces y rompes las promesas contigo misma, entonces no estás prometiendo nada. Estás hablando. Te entusiasmas como Pam y su dieta, o tu amiga poco fiable que te deja plantada para ver *Juego de Tronos*.

¿Cuántas veces te has dejado plantada a ti misma para ver televisión? ¿Cuántas veces te has rendido antes de siquiera comenzar? ¿Cuántas veces has logrado avances reales, solo para enfrentar un revés y darte completamente por vencida? ¿Cuántas veces tu familia, tus amistades o tus compañeros de trabajo te han visto rendirte? ¿En cuántas ocasiones tus hijos te han visto darte por vencida una y otra y otra vez?

Esto no está bien.

Nuestra sociedad hace espacio suficiente para la autocomplacencia o la vagancia, pero casi nunca nos topamos con un sentido de responsabilidad o rendición de cuentas. También es muy raro encontrar un *latte* de vainilla sin azúcar, pero cuando realmente se me antoja uno, de algún modo encuentro una forma de conseguirlo.

Y solo es una broma a medias.

Cuando realmente quieres algo, encontrarás una manera. Cuando no quieres algo en verdad, encontrarás una excusa. ¿Cómo tu subconsciente conoce la diferencia entre lo que quieres y lo que solo pretendes querer? Busca la historia de cómo has enfrentado cosas similares en el pasado. ¿Has cumplido tu palabra? Cuando dijiste que ibas a hacer algo, ¿lo hiciste? Cuando estamos perdidas, buscamos la barra más baja... y la barra más baja es típicamente nuestro nivel de entrenamiento más alto. Esto suena algo al revés, así que permíteme explicarte.

Si decides que hoy vas a correr treinta millas, ¿hasta dónde piensas que puedes llegar fácilmente sin detenerte? Llegarás hasta tu nivel más alto de entrenamiento. Entonces, si lo más que has corrido cómodamente son cuatro millas, tu entusiasmo comenzará a apagarse más o menos ahí. Claro, la adrenalina puede llevarte un poco más lejos y la idea de que la mente prevalece sobre el cuerpo también es muy importante, pero, por lo general, tu cuerpo volverá a lo que conoce y con lo que se siente más cómodo.

Lo mismo puede decirse sobre cumplir las promesas que te haces a ti misma.

Si decides alcanzar una meta, por ejemplo: «Voy a escribir una novela» o «Voy a correr un 10K», tu subconsciente determinará la probabilidad de que ocurra basándose en las experiencias pasadas. De manera que, cuando llegue el cuarto día y te sientas cansada y no quieras salir a correr, regresarás al nivel más alto de tu entrenamiento mental. ¿Qué pasó la última vez que te encontraste en ese punto? ¿Te esforzaste, creaste un hábito y lo hiciste? ¿O pusiste una excusa? ¿Lo pospusiste para más adelante?

Cualquiera sea el estándar que te hayas establecido es donde terminarás... a menos que luches contra tu instinto y cambies tu patrón.

He aquí cómo cambié mis patrones y conductas; cómo establecí la regla en mi vida de que nunca más dejaría de cumplir una promesa que me hiciera a mí misma, sin importar lo pequeña que fuera. Todo comenzó con una Coca-Cola de dieta.

Me encantaba —*obsesivamente*— la Coca-Cola de dieta.

Por muchísimo tiempo me había tomado diariamente varias Coca-Colas de dieta. Entonces me di cuenta de lo terribles que eran para mí. Disminuí el consumo a solo una lata por día, y esperaba el momento de tomarme aquella soda como un adicto esperaba su dosis de droga. ¿Me la tomo en el almuerzo para tener un poco más de energía en la tarde? ¿O debo esperar hasta la cena? Esta noche vamos a cenar comida mexicana, y una Coca-Cola de dieta es deliciosa con *nachos y salsa, así que guardarla para más tarde tal vez sea la decisión correcta...*

Pasaba demasiado tiempo esperando con ansias la bebida. Entonces, un verano sentí un vértigo terrible y traté de eliminar de mi dieta cualquier cosa que pudiera ser dañina. Puse en tela de juicio hasta mi Coca-Cola de dieta diaria.

A decir verdad, pensé, ¿qué clase de psicópata deja de tomar Coca-Cola de dieta? ¿Se supone que simplemente renunciemos a la alegría y las bondades de la vida? ¿Por qué mejor no renuncio a la electricidad y vivo como los Amish?

Mis monólogos internos son increíblemente dramáticos.

Decidí no tomarme ninguna Coca-Cola por un mes. Me convencí de que un mes no era mucho tiempo... puedo abstenerme de cualquier cosa por treinta días. El único problema era que nunca en mi vida me había atenido a ningún tipo de dieta, ejercicio, redacción, ponle-el-nombre-que-quieras, sin darme por vencida o «hacer trampa» por lo menos un par de veces. Sin embargo, ¿qué tal si solo por esta vez realmente lo hacía?

Y lo hice.

Por treinta días no me tomé ninguna soda, algo que tal vez no parezca como la gran cosa cuando estás saludable, feliz y no eres adicta. Para mí, aquella primera semana fue una clase especial de infierno. No obstante, me seguía preguntando: *¿Qué tal si de verdad no rompo esta promesa?* Pasó un día y después otro, y para la tercera semana ya no estaba nada mal. Al final del mes no había faltado a mi palabra, y para entonces ya ni siquiera tenía deseos de tomarme una soda. Ya han pasado cuatro años y ahora ni siquiera se me ocurre tomar Coca-Cola de dieta como solía hacerlo. Cuando se me presenta la opción, mi instinto es recurrir a mi entrenamiento, que me dice que ya no tomo esas cosas. Alcanzar el éxito en algo tan pequeño me hizo reconocer que lo único que se interpone entre lograr mis metas y yo es la capacidad de apoyarme en los éxitos pasados.

¿Correr mi primer medio maratón? Llegué allí comprometiéndome a correr una milla varias veces a la semana. Cuando cumplí esa promesa hecha a mí misma, el compromiso de correr dos millas varias veces a la semana no me pareció algo tan difícil. Mi entrenamiento me decía que cualquiera fuera la meta que me estableciera, la cumpliría, aun cuando estuviera cansada... así que seguí haciéndolo.

¿Escribir mi primer libro? Lo hice de la misma forma. Antes de terminar aquel primer manuscrito, había comenzado y abandonado por lo menos una docena de novelas diferentes. Sin embargo, una vez que terminé el primer borrador, supe que era algo que podía hacer. Cuando mi instinto es rendirme o irme o tirar mi computadora contra la pared porque se acerca la fecha de entrega límite, recuerdo cuántas veces he estado ahí antes. Solía llevar en mi muñeca el conteo de palabras de mi primera novela en una pulsera dorada barata: 82.311 estaba grabado en ella, y cada vez que miraba aquel número recordaba lo que había logrado. Yo era la que había enhebrado 82.311 palabras en oraciones casi coherentes. Cuando enfrento el reto de escribir otros libros, regreso allí y pienso: *Bueno, al menos sé que puedo escribir esa cantidad de palabras. ¡Ya lo hice antes!*

Sé que cancelar una sesión de ejercicios, una cita, una tarde para organizar tu clóset o algún compromiso previo contigo misma no parece la gran cosa... pero sí lo es. Es algo realmente importante. Nuestras palabras tienen poder, pero nuestras acciones le dan forma a nuestra vida.

Si hoy decides que no vas a romper ninguna promesa contigo misma, te obligarás a ir más despacio. No puedes cumplir ningún compromiso, promesa, meta o idea sin intencionalidad. Si reconoces que tus palabras tienen poder y que tus compromisos tienen el peso de un pacto, no aceptarás hacer nada tan fácilmente. Tendrás que preguntarte si en realidad y de verdad tienes el tiempo esta semana para tomarte un café con tu amiga. Tendrás que decidir si hacer ejercicios cuatro veces antes del domingo es una posibilidad real, o si es más realista y alcanzable comprometerte con dos sesiones intensas y luego una caminata rápida con tu vecina.

Irás más despacio y pensarás mejor las cosas.

No solo hablarás sobre una meta, sino que planificarás cómo puedes alcanzarla. Establecerás una meta y te sorprenderás cuando la cumplas. Aprenderás una nueva manera de comportarte y establecerás un estándar para el tipo de persona que realmente eres... no la que has soñado llegar a ser, sino la que cada día practicas ser.

Además, es posible que tal vez consideres dejar de tomar refrescos de dieta, porque los químicos que tienen son terribles para ti.

LAS COSAS QUE ME AYUDARON...

1. *Comencé con una meta pequeña.* Una Coca-Cola de dieta parecía en aquel momento mi gran ballena blanca, pero en retrospectiva, dejar de tomar refrescos fue un millón de veces más fácil que correr maratones, alcanzar nuestras metas anuales de presupuesto, o escribir un libro. Cuando alguien me dice que quiere comenzar una dieta, le sugiero que empiece tratando de tomarse la mitad de su peso en onzas de agua todos los días.

Es mucho más fácil añadir un hábito que eliminar uno, pero la meta del agua es un reto. Cuando superan esto por un mes, han establecido un nuevo estándar de logro y pueden añadir algo más difícil.

2. *Fui cuidadosa al hacer mis compromisos.* Nos subimos fácilmente al tren con cualquier cosa que nos suene bien. ¿Una dieta? Por supuesto. ¿Ofrecernos como voluntarias en la iglesia este sábado? Cómo no. Sabemos que estas cosas son importantes y buenas, así que decimos que sí, asumiendo que el valor del compromiso nos motivará a cumplirlo. Lamentablemente, no siempre es así. No te apresures a decir que sí. Haz compromisos solo con lo que sabes que puedes lograr debido a que es increíblemente importante para ti. De lo contrario, te estás tendiendo una trampa para seguir fallando.

3. *Fui sincera conmigo misma.* Sé sincera contigo misma sobre lo que estás dejando de cumplir. Una pequeña cancelación aquí o una excusa allá pueden acumularse... pero solo si te rehúsas a aceptar tus acciones. Si miras detenidamente todo lo que has cancelado en los últimos treinta días, tal vez te sorprendas al descubrir cómo te estás *entrenando* para comportarte.

CAPÍTULO 3

La mentira:

NO SOY LO BASTANTE BUENA

Soy adicta al trabajo.

Y no lo digo a la ligera. Las palabras son duras y reconocerlo hace que me duela el corazón. Aunque si me concedo un poco de gracia, entonces la verdad es que soy una adicta al trabajo *en recuperación*.

Soy una adicta al trabajo en recuperación, y digo estas palabras con la misma inquietud y vergüenza que sentiría si te dijera que tuve cualquier otro tipo de adicción.

Acabo de buscar la definición, aunque hace un par de años que estoy segura de mi diagnóstico. La aplicación de mi diccionario en línea describe a un *adicto al trabajo* como «una persona que se siente obligada a trabajar excesivamente».

Obligada.

Esa es una palabra bastante fuerte, ¿cierto? No puedo ser la única que la oye y piensa inmediatamente en *El exorcista*, agua bendita y un sacerdote aterrorizado. Sin embargo, *obligada* es la idea precisa; es como algo en tu interior que no aceptará un no como respuesta, algo que haces sin pensar conscientemente.

¿Me sentía obligada a trabajar sin parar?

Sin duda.

Aun ahora estoy tecleando este capítulo sobre la adicción al trabajo a las 5:37 a.m., porque levantarme para comenzar mi conteo de palabras a las cinco en punto es la única manera en la que realmente puedo escribir libros, dirigir una compañía de medios y criar a una familia a la misma vez. Todavía me siento obligada a trabajar hasta que estoy extenuada, físicamente enferma, enojada con el mundo entero o sin poder enfocar mis ojos... pero al menos ya no ocurre todo al mismo tiempo. Siento que estoy ganando con respecto a este problema.

Parte de la razón para trabajar tanto es sencilla: me encanta mi trabajo. No, *realmente me fascina* mi trabajo. Las personas con las que laboro son las más amables, estupendas y creativas que puedas conocer. Cada miembro de mi equipo tuvo que ser aprobado y cada función tuvo que pasar por varias personas para cerciorarnos de que se la asignábamos a la adecuada. Entrenamos a todo el mundo y ellos me entrenaron a mí en cuanto a cómo supervisarlos y ser su jefa. He dedicado muchos años a formar este equipo. Cuando llego a la oficina y todo está funcionando bien, cuando una persona está creando la lista de oradores para nuestro próximo evento en vivo, y otra está tomando las fotos más hermosas que jamás hayas visto, y el equipo de mercadeo está firmando asociaciones nuevas con algunas de las marcas más reconocidas del planeta, me siento orgullosa. Orgullosa hasta la punta de los dedos de mis pies de que yo —graduada de una escuela superior en la Conchinchina— haya levantado todo esto. Más que eso, mi corazón quiere estallar, porque toda esta gente está dejando el pellejo trabajando por *mi* sueño.

Tuve esta idea de que podíamos crear un espacio en la Internet que estimulara a las mujeres de cualquier clase social, que las hiciera sentirse animadas, que las hiciera sentir que tienen amigas, que les ofreciera ayuda y consejos, y que siempre lo hiciera con cosas positivas. ¿Y sabes qué? ¡Está funcionando a la perfección!

Cuando comencé a bloguear, solo mi mamá y algunas tías extremadamente leales leían el sitio web. En la actualidad, mi alcance digital está en los millones y aumenta todos los días. Mi tribu virtual es maravillosa. Las admiro, y la mayoría de los días creo que ellas también me admiran a mí, y me siento orgullosa de haber creado una manifestación empresarial de mi fe en acción. ¡Hurra!

Y después me voy a casa.

En casa, Sawyer está peleando con Ford sobre quién va a jugar con esta o aquella pieza de Lego. Jackson tiene esta actitud que aprendió de alguien en la escuela, y si me vira los ojos *una vez más, Señor Jesús*, le voy a arrancar los dos brazos y después le voy a dar en la cabeza con ellos. Al bebé le están saliendo los dientes y está quisquilloso, y mañana es día de ir en pijamas a la escuela, pero me lo voy a perder porque tengo un viaje de negocios. Dave y yo estamos a la deriva, y no hemos tenido una cita en semanas... y ayer le grité por unos almuerzos preenvasados y después lloré a moco tendido, porque me sentí miserable. Y, y, y... ser mamá es un trabajo difícil. Y me enfrento a él en cientos de maneras diferentes.

Sin embargo, ¿estar en el trabajo? ¡Ah, eso lo tengo en la bolsa! Sobresalgo en eso de estar en el trabajo. Saco la bola del parque al estilo Babe Ruth cuando de estilos de vida se trata.

Por eso, cuando tenía la alternativa entre hacer algo perfectamente bien en la oficina o caminar por la cuerda floja en la casa, adquirí el hábito de trabajar, trabajar y trabajar un poco más. Cada vez que era exitosa en los negocios lo contaba como una validación de que estaba tomando la decisión correcta.

Pero amiga, todavía hay más...

¿No me digas que pensaste que solo una cosa podía causar un problema tan serio como este? ¡Claro que no! La psicosis de alguien no solo tiene una capa. Soy una cebolla Vidalia de problemas. Tengo una carreta llena de cargas emocionales, así que descifremos algunas.

Soy la menor de cuatro hijos, y para el tiempo en que mis padres tuvieron que lidiar con mi niñez, ya su matrimonio tenía serias dificultades. Aunque era la más pequeña, era una niña muy autosuficiente, y creo que la combinación de esos dos factores se tradujo en que resultaba ampliamente ignorada... *a menos que* hiciera algo bueno.

Si sacaba una A en un examen...

Si anota un gol en el partido de fútbol...

Si me daban un papel en la obra de teatro escolar...

Cuando tenía éxito, recibía elogios y atención; me sentía estimada y aceptada. No obstante, tan pronto la audiencia dejaba de aplaudir, todo regresaba a como era antes.

Lo que esto me enseñó de niña —y que traje a mi adultez, tal como descubrí después de un montón de terapia— es que sentía que, para ser amada, necesitaba *producir* algo.

Adelanta el calendario hasta mis treintas y notarás que es casi imposible que me quede quieta. Me estoy moviendo y haciendo algo constantemente; voy de prisa por la vida. En el segundo en que alcanzo una meta, y me refiero justo a ese segundo, pienso de inmediato: *Listo, ¿qué sigue ahora?* Me cuesta trabajo celebrar o disfrutar cualquier victoria, no importa lo grande que sea, porque siempre tengo en mente algo más grande que podría estar haciendo. En el trabajo, estoy continuamente encima de las cosas. Cuando llego a casa, friego, organizo los gabinetes y hago una lista de quehaceres que no podré realizar en esta vida ni en la próxima.

Esta necesidad de probar mi valor, junto con el hecho de que soy buena en mi carrera, me convierten en una adicta al trabajo fenomenal; sin embargo, no tenía idea de que lo era, o de que mi trabajo estaba afectando seriamente mi salud y la felicidad de mi familia.

La primera vez que sufrí parálisis facial tenía diecinueve años. Me encontraba en la recta final del primer año largo y difícil con Dave, y sabía que el fin estaba cerca. No el final del año... el final de nuestra relación. Él parecía cada vez más alejado, y la relación a larga distancia que estábamos intentando con empeño que funcionara no estaba progresando. Lo veía venir —algo así como Phil Collins en aquella canción con el gran solo de la batería— y comencé a sentirme ansiosa. Manejé aquella ansiedad de la misma forma en que he manejado cualquiera otra en mi vida: dupliqué mi trabajo. Mi plato, que ya estaba lleno, se rebosó más. Ni siquiera era consciente de lo que estaba tratando de hacer; tal vez me dije que si no me detenía a pensar que algo malo ocurriría, entonces quizás no pasaría.

Una mañana, me levanté y noté que mi ojo izquierdo estaba parpadeando medio segundo más lento que el derecho. Asumí que estaba cansada por el trabajo y pensé que tal vez necesitaba espejuelos. Por la tarde, comencé a sentir un hormigueo en mi lengua y después perdí la sensación completamente. Acudí al médico, preocupada de que fuera un derrame cerebral. Aquella fue la primera vez que escuché sobre la parálisis de Bell. Una búsqueda rápida en Google me informó que se trataba de una parálisis, *a veces* temporal, que causa daño a los nervios que controlan el movimiento de los músculos faciales. En cuestión de días no podía cerrar mi ojo izquierdo, mover mi boca o sentir nada en el lado izquierdo de mi cara. No sé por qué es solo en un lado de la cara, pero te puedo decir que eso solo añade al encanto general.

Tuve que usar un parche en el ojo... lo que, a propósito, es *súper* sexy y básicamente el sueño de toda chica de diecinueve años. Como no podía mover mis labios, arrastraba las palabras y era difícil entenderme. Cuando masticaba, tenía que usar mis dedos para mantener mi boca cerrada por miedo a que la comida saliera volando de mi boca y se estrellara en el piso. El daño neurológico causa neuralgia y es también increíblemente doloroso. Durante ese tiempo sentí pena por mí misma.

Aunque esto fue hace quince años, recuerdo exactamente cómo me sentí cuando me miré en el espejo y vi lo desfigurado que estaba mi rostro en realidad. Me acuerdo de que traté —en vano— de ponerme delineador de ojos o rímel, como si el maquillaje pudiera hacer desaparecer la parálisis. O de que cada vez que me maquillaba, sin fallar lloraba y el maquillaje desaparecía. Pasé aquellas semanas preocupada perpetuamente, agobiada por la prognosis del médico de que esto podía durar unos pocos días o muchos meses. No había manera de estar seguros.

Mirando en retrospectiva, nunca me consideré una persona vanidosa. Nunca usé maquillaje ni amoldé mi cabello hasta que llegué a adulta, pero sufrir de parálisis facial me hizo estar hiperconsciente de mi apariencia física. Me deprimí completamente. Solo salía de la cama para ir a trabajar, y tan pronto regresaba a la casa me escondía bajo las sábanas. No quería levantarme de la cama, ni siquiera para contestar el teléfono. En la rara ocasión en que una amiga me convencía para que saliera de mi apartamento, me mortificaba la manera en que la gente me miraba o sentía lástima por mí cuando trataba de hablar.

En medio de todo esto, la bala que había estado tratando de esquivar llegó al blanco. Dave me dejó.

De acuerdo, sí, dejar a una chica con parálisis facial *no* fue uno de sus mejores momentos, y siento que debo señalar que a veces cometemos estupideces que lastiman a nuestros seres amados cuando estamos tratando de entendernos a nosotros mismos. Sin embargo, desde el momento en que nos reconciliamos (que, a propósito, ocurrió cuando todavía mi rostro estaba desfigurado), él ha sido un compañero increíble. El punto es que me enfermé de gravedad tratando de evitar que algo inevitable ocurriera. Cuando, un mes más tarde, la parálisis finalmente cedió, me sentí más que agradecida y aliviada de que lo peor hubiera pasado. Le atribuí la experiencia a un singular ataque de mala suerte.

Pocos años después, Dave y yo decidimos viajar a Europa por primera vez. Esto fue cuando no teníamos hijos y podíamos soñar tranquilamente con planes como: «¿Qué tal si fuéramos a Europa?». Sin bebés, perros ni responsabilidades reales, simplemente compramos los pasajes y visitamos iglesias viejas con nuestros pasaportes escondidos en la ropa por miedo a que nos robaran los «gitanos» de los que habíamos escuchado. ¡Que Dios nos ampare!

Cuando llegamos a Florencia, fue todo lo que soñamos que sería. Comimos montones de pasta, caminamos por las calles de adoquines, y nos besamos y acariciamos como si esto fuera nuestro trabajo a medio tiempo. Pasamos tardes completas imaginándonos el futuro y cómo les llamaríamos a nuestros hijos soñados. Fue una de las experiencias más románticas de mi vida.

Para cuando llegamos a Venecia, unos días más tarde, mi lengua había comenzado a adormecerse.

Me paré en la habitación de un hotel italiano y lloré a lágrima viva, porque sabía que la parálisis había regresado. Nuestras hermosas vacaciones ahora se habían estropeado por el estrés de tratar de conseguir ayuda médica en otro país. ¡Como nota al margen, usar mi guía de traducción de italiano a inglés a fin de explicarle a un farmacéutico veneciano que necesitaba un parche para mi ojo es todavía una de las experiencias más cómicas de mi vida! Además, el parche de ojo —más mi rostro paralizado— significó que nos pasaron al frente en todas las filas de aduana. ¡Algo bueno!

Como nos creemos comediantes, Dave y yo bromeamos sobre las ventajas de mi enfermedad. ¡Por ejemplo, hice una imitación *maravillosa* de Sammy Davis Jr.! Además, los chistes de piratas eran interminables. Sin embargo, no fue hasta que llegamos a París —un destino con el que había soñado toda mi vida— que ni siquiera los chistes podían levantarme el ánimo. Mientras paseábamos por el Champ de Mars [Campo de Marte], me di cuenta de que la foto con la que siempre había soñado —yo frente a la Torre Eiffel— sería por siempre un recordatorio de esta enfermedad. Aunque deteste reconocerlo, nunca he sentido más lástima por mí misma que en aquel momento. En esa vieja fotografía (que, dicho sea de paso, puedes buscar en Google, porque aparentemente no me da miedo compartir ninguna foto en la Internet) estoy parada sola frente a la torre, abrigada porque hacía frío. Tengo gafas de sol puestas para tratar de esconder el parche, y como una sonrisa solo hubiera funcionado en la mitad de mi cara, ni siquiera lo intenté.

Cuando regresamos a casa, el médico me recetó esteroides y me refirió a un neurólogo para asegurarse de que la parálisis no era un síntoma de algo más serio. Después de que los médicos no encontraron el tumor cerebral que yo estaba segura de que tenía, me dieron una prognosis interesante. Las dos veces que me había dado parálisis facial había estado bajo un estrés extremo. Como muchas mujeres, estaba trabajando demasiado y no me estaba cuidando. Argumenté que este no podía ser el caso. Después de todo, me había enfermado mientras estaba en unas vacaciones románticas. Ahí fue cuando Dave indicó que eran las primeras vacaciones que habíamos tomado en tres años. Tres años trabajando treinta y seis horas la semana seguidos por un receso de dos semanas no es descompresión suficiente para una chica. También estaba en los comienzos del lanzamiento de un negocio, y me estaba manteniendo ocupada, desesperada por probarme a mí misma. En aquel momento estábamos intentando además que quedara embarazada, y aunque solo tenía veinticuatro años había pasado un mes tras otro sin un bebé. En vez de manejar ese estrés, simplemente me había asignado más cosas para hacer.

Nuestros cuerpos son asombrosos. Pueden hacer cosas increíbles. También te dirán exactamente lo que necesitan si estás dispuesta a escuchar. Y si no lo haces, si tratas de hacer demasiadas cosas sin descanso, tu cuerpo se apagará por completo para recibir lo que necesita.

Alrededor de tres años atrás había comenzado a desarrollar síntomas de vértigo. Me ponía de pie en el trabajo y la habitación daba vueltas a mi alrededor. Me sentía mareada durante el día, a mis ojos les costaba trabajo enfocarse, y sentía náuseas la mayor parte de tiempo. Durante semanas asumí que necesitaba más sueño, más agua y menos Coca Cola de dieta. Cuando mi estado empeoró tanto que sentí miedo de conducir con mis hijos en el auto, decidí ir al médico.

Visité muchísimos doctores.

Internistas, alergistas, otorrinolaringólogos... nadie podía diagnosticar lo que tenía. Comía bien. Estaba saludable. ¡Corría maratones, por todos los cielos! Todos coincidían en que padecía de vértigo, pero no podían definitivamente decirme por qué. A la larga, el otorrinolaringólogo sugirió que era un vértigo estacional producido por mis alergias, y como nadie más tenía una mejor idea, acepté esta. «Tómate una píldora para las alergias todos los días», me dijo. Y así lo hice.

Todas las noches, sin fallar, me tomaba mi píldora. A veces, cuando el mareo se intensificaba, me tomaba una segunda píldora, lo cual me hacía sentir seriamente soñolienta, pero por lo menos me calmaba el vértigo. Hice esto por más de un año y me resigné a que mi vida daría un poco más de «vueltas» por siempre. Esto no era para tanto, me dije. Solo significaba que, en lugar de dar el cien por ciento, ahora necesitaría dar el ciento treinta por ciento para compensar el hecho de que ya no podría trabajar tan rápido. Suena a locura escribir tal cosa, pero en mi mente que siempre busca sobresalir tenía un sentido absoluto.

Entonces, hace como unos dos años, escuché sobre un doctor homeopático que se especializaba en vértigo. Nunca en mi vida había visitado a un doctor homeopático, pero en aquel punto si alguien me hubiera dicho que podía curar mi constante náusea con vudú y el sacrificio de una gallina de primavera, lo habría considerado seriamente.

Fui a encontrarme con él, su cola de caballo, su camisa hecha de cáñamo orgánico y su estatua de Ganesha tamaño real, y traté de mantener mi mente abierta mientras le hablaba al aire en lugar de hablar conmigo. Le expuse toda la historia de cuándo me enfermé y cómo me había afectado, y él me hizo mil preguntas sobre mis emociones, mi niñez y las razones más profundas de por qué me sentía de cierta manera. Seguía pensando: *¿Cuándo me va a recetar alguna medicina? ¿Por qué seguimos hablando sobre el estrés?* Y, *¿qué hay con esa pequeña colección de cristales?* Antes de ir a visitarlo, asumí que los doctores homeopáticos te piden que dejes de ingerir azúcar o, Dios no lo quiera, que dejes de comer lácteos, porque afectan tu chacra o como se llame.

No obstante, después de que yo llevaba dos horas hablando, me interrumpió abruptamente y anunció en la habitación: «Basta. ¡Ya sé cuál es el problema!».

Entonces me dejó de una pieza. Me indicó que mi vértigo se había presentado por primera vez cuando estaba bajo un estrés extremo en el trabajo. ¿Y qué tal cada vez que empeoró tanto que ni siquiera podía levantar mi cabeza de la almohada? Fue porque el estrés había empeorado.

¿Y aquella vez que tuve grandes cambios de personal en Chic? Vértigo. ¿Esa ocasión en que me emocioné mucho porque iba a escribir mi primer libro por contrato, pero después estaba convencida de que sería terrible, me despedirían y tendría que devolver el adelanto? Vértigo. En cada caso, mi vértigo fue una respuesta física a un problema emocional. *Una respuesta física a un problema emocional.*

¡Ni siquiera sabía que nuestros cuerpos hacían algo así!

Bueno, lo sabía de la misma manera en que cualquier mujer temerosa de Dios y respetuosa de la ley, que veía a Oprah y ha escuchado sobre el cuidado de sí misma lo sabe, pero crecí en el campo. Me regalaron una escopeta cuando cumplí trece años. Quizás haya vivido en LA por catorce años, pero mis tendencias a ser fuerte y no quejarme son profundas. Sus palabras cayeron sobre mí como agua helada, y ahora que sabía que tenía razón, inmediatamente quise saber cómo arreglarlo y volver a la normalidad.

—Vete a tu casa y no hagas nada —me dijo.

—Disculpe, ¿pero qué?

— Vete a tu casa y no hagas nada. Quédate con los brazos cruzados, mira la televisión, pásate un día completo en el sofá. Descubre que tu mundo no implosiona si no vas a cien millas por hora. Y levántate al otro día y hazlo de nuevo.

Te digo con toda sinceridad, mi querida lectora, que sus palabras me dieron deseos de vomitar. Suena a locura —*es* un tipo de locura— pero la idea de no hacer nada me eriza la piel. Aun cuando estoy en casa me la paso haciendo algo constantemente. Si no estoy atendiendo a mis hijos, estoy organizando la casa, limpiando el clóset o haciéndome un facial con productos caseros.

—¿Qué te ocurriría si dejaras de moverte? —me preguntó.

Sacudí mi cabeza en medio de un pánico ciego. La imagen de un tiburón flotando en la superficie del océano, muerto por la falta de movimiento, vino a mi mente.

Lo único que se me ocurrió pensar fue: *No sé, pero será malo*.

Hablamos de momentos que transforman la vida. Hablamos de alguien que está sosteniendo un espejo frente a tu cara y te hace entender que en realidad no eres, en absoluto, la persona que piensas que eres. Pasaba mis días pensando en maneras de ayudar a las mujeres a vivir una vida mejor, y todo el tiempo de verdad había creído que estaba cualificada para enseñarles esto, porque en realidad lo estaba viviendo. Mientras tanto, no estaba haciendo lo fundamental que una mujer necesita hacer antes de que pueda cuidar a alguien más: ¡cuidarse a sí misma!

Necesitaba realizar un cambio drástico en mi vida.

Me obligué a dejar de trabajar tantas horas. Iba a la oficina de nueve y media a cuatro y media, y me sorprendió descubrir que el mundo continuaba rotando sobre su eje. Hice un esfuerzo para dormir, sentarme y no hacer nada. Esto me producía una ansiedad gigantesca, así que me servía una copa de vino y me quedaba sentada justo donde estaba. Comencé a ofrecerme como voluntaria en el albergue para indigentes local. Me inscribí en una clase para aprender a bailar hip-hop. Resulta que soy terrible bailando hip-hop, pero me gustó tanto que me reí como una niñita la hora entera. Buscaba alegría. Buscaba paz.

Dejé de tomar tanta cafeína. Jugué con mis hijos. Hice muchísima terapia. Y luego hice un poco más. Oré. Leí todos los versículos bíblicos que hablan del descanso. Salí a cenar con mis amigas. Disfruté de citas románticas con mi esposo. Me enseñé a tomar un día a la vez, a dejar de obsesionarme por la siguiente victoria y a valorar las partes sencillas de hoy. Aprendí a celebrar los logros, no con fiestas extravagantes, sino con noches comiendo tacos o una buena botella de vino.

Reconocí mi propio trabajo arduo y los logros de mi compañía, y aprendí a descansar en paz sabiendo que estaría bien si ambas de esas cosas desaparecieran mañana. Estudié el Evangelio y finalmente comprendí la sabiduría divina de que soy amada, valiosa y suficiente... tal como soy.

Aprender a descansar es un proceso continuo. Como cualquier otra conducta de toda la vida, lucho constantemente con el deseo de regresar al rol que desempeñé por tanto tiempo. Dicen que el primer paso es reconocer que tienes un problema, y hace dos años hice justo eso. Aprendí que soy una adicta al trabajo en recuperación, pero a través de este proceso, también aprendí que soy una hija de Dios... y eso supera todo lo demás.

LAS COSAS QUE ME AYUDARON...

1. *Fui a terapia.* Tal vez esto es lo primero que menciono para cada aspecto en el que he trabajado, pero es especialmente cierto en este caso. De no haber sido por mi *terapeuta*, no habría entendido el vínculo entre las inseguridades de mi niñez y mis logros de adulta. De no haber sido por mi terapeuta, no me habría dado cuenta de que el deseo de alcanzar logros puede realmente ser dañino. No puedo recomendar la terapia lo suficiente, y si tuviera el dinero de Beyoncé, lo primero que haría sería pagar

la terapia de todas las mujeres que pudiera encontrar. Pídeles a tus amigas que te recomienden a alguien que a ellas les guste, o pídele a tu ginecólogo que te refiera. El doctor de tus partes íntimas conoce cuál es el tipo de consejero adecuado para una mujer. Créeme.

2. **Puse empeño en mi alegría.** Trabaja por los momentos divertidos, los días de vacaciones y los instantes que te hacen reír hasta orinarte encima igual de duro que por todo lo demás. Te animo a que salgas a caminar, llames a una amiga, te tomes una copa de vino, disfrutes de un baño de burbujas o apartes un buen rato para almorzar. Todo ese trabajo estará ahí cuando regreses y un poco de tiempo afuera puede recargar tus baterías y darte la energía para luchar con esa lista de cosas pendientes que se hace cada vez más larga.

3. **Reordené mi lista.** Cuando les pido que mencionen las prioridades en sus listas, casi todas las mujeres las señalan sin ningún problema: hijos, pareja, trabajo, fe, etc. El orden tal vez cambie, pero los elementos son casi siempre los mismos. ¿Y sabes también lo que casi nunca cambia sin importar con cuántas mujeres hable? Las mujeres realmente se ponen a *sí mismas* en su propia lista de prioridades. ¡Debes ser la primera de tus prioridades! ¿Estás durmiendo lo suficiente, tomando bastante agua, comiendo adecuadamente? No puedes cuidar bien a otros si tú no te estás cuidando a ti misma. Además, una de las mejores maneras de asegurar que no sigas huyendo de tus problemas es enfrentándolos.

CAPÍTULO 4

La mentira:

SOY MEJOR QUE TÚ

Necesito confesarles algo... me afeito los dedos de los pies.

De verdad lo hago.

A veces —no siempre— miro hacia abajo en la ducha y veo en mis dedos gordos unos mechones lo suficiente largos como para trenzarlos. Sin duda es vergonzoso, pero una pasada rápida con mi rasuradora les devuelve a mis nudillos su sedosa gloria natural.

Esto no sería una confesión tan grandiosa para mí, excepto porque en mi primer año de secundaria una vez me burlé de una chica en mi clase de inglés por hacer exactamente lo mismo. ¡Ay! Todavía me siento como una imbécil hoy, ciento cincuenta años después.

Chicas, permítanme pintarles mi retrato en la secundaria. Pesaba por lo menos veinte libras más, vestía ropa del Goodwill y era la presidenta del club de drama. No me burlaba de otros; la gente se burlaba de *mí*. Sin embargo, hubo una vez que sí lo hice... la única vez que recuerdo que intencionalmente me burlé de alguien. Quizás por eso esté grabado en mi cerebro. Tal vez por eso todavía me avergüenzo.

Le llamaremos a esta chica Schmina.

Su nombre real es Tina, pero estoy tratando de escribir en clave aquí.

Schmina era la chica que siempre lucía totalmente segura de sí misma. Desarrolló los senos y su sentido del humor años luz antes que el resto de nosotras, y era popular de una manera en que yo no podría serlo. Un día, en la clase de inglés de la señora Jachetti, cuando se suponía que estuviéramos escribiendo un ensayo sobre Zora Neale Hurston, Schmina mencionó algo sobre afeitarse los dedos de los pies. No sé por qué lo dijo... supongo que las chicas populares comparten secretos sobre el aseo personal igual que el resto de nosotras —las mortales— hablamos sobre el tiempo. Pero, bueno, aunque no le dije nada directamente a ella, más tarde hablé pestes del tema con mi mejor amiga. «¿Quién se afeita los pies? Más importante, ¿quién tiene dedos que necesitan que los afeiten? Sin duda, Schmina tiene algún tipo de enfermedad glandular que no quiere enfrentar».

¡Qué conversación tan ridícula! Casi todo el mundo ya se hubiera olvidado de una conversación como esa, pero me sigue acechando años después, porque todo el tiempo que estuve burlándome de Schmina y sus dedos con pelos... ¡yo me estaba afeitando los míos! Hasta el día de hoy, con Dios de testigo, siempre que me miró el dedo gordo y noto que está un poquito desgreñado, pienso en lo imbécil que era en mi adolescencia.

¿El defecto número uno de Rach? Dedos de los pies peludos.

¿El defecto número dos de Rach? Hipocresía.

Una historia sobre dedos de los pies con pelos, una chica llamada Schmina y la angustia de adolescente que realmente debí haber enfrentado hace tiempo con una terapeuta certificada puede parecer el tema más frívolo de todos. Sin embargo, entonces, supongo que humillar a otras mujeres, por lo general, se basa en algo no menos frívolo que las inseguridades de la versión de catorce años de nosotras mismas.

Amiga, ¿por qué lo hacemos? ¿Por qué chismeamos? ¿Por qué nos volvemos trizas entre nosotras mismas? ¿Por qué decimos hola los domingos por la mañana con la misma lengua que hablamos mal de las otras unos pocos días más tarde? ¿Nos hace eso sentir mejor con nosotras mismas? ¿Nos hace sentir más seguras burlarnos de alguien que se ha salido de los parámetros que consideramos aceptables? Si podemos señalar sus defectos, ¿disminuye eso los nuestros?

Por supuesto que no. En realidad, las piedras que con frecuencia tratamos de tirarles a otras personas son las mismas que nos han tirado a nosotras.

¿Te has afeitado alguna vez los dedos de los pies?

Y lo que realmente quiero decir es: ¿Te has burlado de alguien alguna vez? ¿Has apuntado tu dedo en su dirección e ignoraste los otros tres dedos de tu mano que te apuntaban a ti? Todas lo hemos hecho, pero eso no lo justifica. Rebajar a otros no te elevará a ti. Para modificar tu actitud tienes que reconocer que todas las palabras tienen poder, incluso las que susurras a espaldas de alguien.

Hace algunas semanas, había una mujer en mi vuelo de Los Ángeles a Chicago. Ella y su esposo estaban viajando con dos niños, el menor de los cuales tenía unos cuatro años. También era el niño con el peor comportamiento que haya visto jamás. Antes de atravesar la puerta de embarque, ya estaba gritando... y no me refiero a un gemido o una protesta. Me refiero a estar gritando a todo pulmón, ya que no quería sentarse y deseaba corretear por todo el avión. Su mamá tuvo que retenerlo a la fuerza en la silla durante casi media hora, mientras él seguía gritando que lo soltaran. Todo el mundo en el avión, incluyéndome a mí, estaba a punto de perder la paciencia hasta que se calló. Poco tiempo después, cuando me levanté para ir al baño, vi por qué se había callado finalmente: le habían dado una bolsa grande de caramelos para que se los comiera durante el vuelo.

Amiga, voy a ser sincera contigo. Me sentí asqueada.

Antes que todo, como una madre estricta que fue criada por padres estrictos, cuando lo escuché gritando, pensé: ¡Oh, no, no, no! Durante el despegue estuve pensando en su mamá. Pensaba en que ella necesitaba disciplinarlo mejor, establecer límites, recibir el apoyo de su esposo. ¿Y qué tal cuando vi que había recompensado su mal comportamiento? ¿Y con *azúcar*? ¡Mantenme cerca de la cruz, Señor Jesús! No dejaba de pensar: *Esta mujer no tiene idea de lo que está haciendo.*

Más tarde, vi otra vez a la familia en la sección de reclamo de equipajes. El niñito de cuatro años parecía salvaje: brincaba en la cinta transportadora que estaba detenida, le pegaba a su hermano y corría en círculos, mientras todo el mundo lo observaba. ¿Cuál es el problema de esta madre?, seguía pensando. ¿Por qué no lo controla?

Entonces, la vi parada al lado de la cinta transportadora del equipaje... totalmente extenuada. Cuando *de verdad* la miré, noté que estaba a punto de llorar, desconcertada y abrumada por completo. Su esposo tenía la misma expresión traumatizada, mientras que su hijo corría en círculos alrededor de ellos.

Y una voz suave me recordó: *Rachel, no conoces su historia.*

Mi ignorancia me hizo sentirme bien pequeña. Quizás este niñito tenía necesidades especiales y por eso se le hacía difícil controlar sus impulsos. Tal vez este niñito era un nuevo hijo adoptivo que había tenido problemas en las casas de crianza la mayor parte de su vida... algo que debía ver con gracia, considerando todo lo que hemos pasado nosotros. Es posible que este niñito simplemente se estuviera comportando mal y a sus padres les costara trabajo disciplinarlo debido a que su hijo mayor había sido fácil de educar a esa edad. Sea cual fuera la razón, nunca la sabré... porque en vez de averiguar o darle el beneficio de la duda, emití mi juicio sobre ella antes de siquiera preguntarme por qué las cosas eran así.

Mujeres juzgando a otras mujeres. He tenido esto en mi corazón desde hace ya un tiempo. Es algo que he tratado de comprender plenamente para poder explicarlo con palabras. Lo veo a mi alrededor de muchas maneras diferentes, y aquella pobre y agotada mamá en el vuelo a Chicago me recordó lo que quiero decir.

Lo que quiero decir es que todas nos juzgamos unas a otras, pero aunque todas lo hacemos, eso no es una excusa. Juzgar sigue siendo uno de los impulsos más hirientes y vengativos que poseemos, y nuestros juicios impiden que desarrollemos una tribu más fuerte... o que tengamos una tribu, para comenzar. Nuestro juicio nos excluye de amistades hermosas, que reafirmen nuestras vidas. Nuestro juicio evita que establezcamos conexiones más profundas y ricas, porque estamos demasiado atascadas en las suposiciones superficiales que hemos hecho.

Chicas, esto de juzgar tiene que parar.

Lo mismo que nuestra compulsión por competir con todo el mundo a nuestro alrededor.

Déjame darte un ejemplo de eso también. Cuando escuché que algunas de mis amigas iban a correr el medio maratón Nike en San Francisco, me emocioné. Para algunas de ellas era su primera carrera. También estaba muy contenta porque esto incluiría un viaje de fin de semana a algún lugar. Sin esperar mucho, me invité para el viaje. El plan era salir el viernes, manejar las casi cinco horas entre LA y San Francisco, pasar el día juntas en la ciudad el sábado, luego correr el medio maratón, y manejar de regreso el domingo. Espera. Borra eso. *Ellas* correrían la carrera... yo me quedaría a la orilla de la calle y las animaría cuando pasaran. Esto se sentía particularmente interesante, porque soy corredora... y más que eso, soy competitiva cuando de correr se trata. Me gusta retarme. Me gusta intentar carreras más grandes y mejores. Lo que *no me gusta* —y realmente nunca había hecho— era animar a otras personas mientras ellas estaban haciendo algo que soy completamente capaz de llevar a cabo con ellas. No dejaba de pensar: ¿Qué tal si no tuviera que probarme a mí misma en esta situación? ¿Qué tal si llegar a ser *alguien mejor tuviera que ver más con mi disposición* a servir *que con mi disposición a competir?*

Así que fui a San Francisco. En realidad, *llevé a todo el mundo* a San Francisco, porque pensé que lo menos que me gustaría hacer si estaba a punto de correr trece millas sería conducir cuatrocientas millas.

Conviene señalar que, aunque hice todo esto y me divertí muchísimo con las chicas, no siempre tuve una buena actitud acerca de mi disposición a ser su animadora. El domingo por la mañana, a primera hora, cuando todas salieron hacia la línea de partida, yo me recompuse y me dirigí en la dirección opuesta, hacia al marcador de la milla número cinco. Cuando llevaba como veinte minutos caminando, me di cuenta de que era muy poco probable que consiguiera un taxi a las seis de la mañana un domingo. Casi de inmediato también me percaté de que caminar sola en la oscuridad en el centro de la ciudad en San Francisco podría ser una de mis estupideces más grandes. Les aseguro que de verdad pensé en un momento: *Ves, esto es lo que pasa cuando tratas de hacer algo bueno: ¡te asesinan en las calles de una ciudad desconocida!*

Me pongo bastante dramática cuando temo por mi vida y todavía no he tomado café.

Bueno, en ese punto decidí dar media vuelta y dirigirme hacia la meta, pues caminar hasta allí me parecía más seguro que caminar hasta la milla cinco. Sin embargo, resultó que llegar hasta la meta implicaba caminar por aproximadamente treinta y dos cuestas que eran más altas que algunas de las montañas que conozco. Para cuando llegué, estaba sudada, de mal humor y refunfuñando y pensando: ¿Por qué rayos acepté hacer esto?

Y entonces vi por primera vez a un corredor de maratón elite.

Los corredores de maratón elite son esos superhumanos que terminan una carrera como en cinco minutos. Parecen guepardos o gacelas cuando vuelan por la carretera, y verlos es realmente impresionante. Como alguien que corrió a un paso de doce minutos y medio por milla en mi primer maratón (las corredoras elite, en comparación, corren una milla en un tiempo entre seis y siete minutos), quedé maravillada. Debido a que siempre estoy muy lejos de estos atletas en la carrera, nunca he podido ver a uno. Allí estaba parada, viéndolos llegar a toda prisa uno tras otro, y me sentí bendecida al verlos en acción. Durante las siguientes dos horas y media me quedé parada justo en el mismo sitio y animé a desconocidos. Aplaudí sin parar (¡mi destreza como la hija de un predicador finalmente entró en juego!). Grité hasta que me dolió la garganta. Los alenté con todas las frases que me animan a mí cuando los espectadores me las gritan durante una carrera.

«¡Eres muy fuerte!».

«¡Ya estas llegando!».

«¡Tú puedes hacerlo!».

Y lo último es algo que nunca he escuchado, pero que siempre me digo a mí misma cuando las cosas se ponen difíciles durante una carrera. Lo grité una y otra vez siempre que veía a alguien que estaba a punto de tirar la toalla:

«¡Has sobrevivido a cosas más difíciles que estas! ¡No te rindas ahora!».

Finalmente, estaba parada allí mismo cuando vi a mis amigas, Katie y Brittany, trotando desde la milla doce en su primer medio maratón. Puedes vernos en una foto que alguien nos tomó. Estaba gritando como una loca y tratando de no brincar la cerca para abrazarlas. Me sentía tan orgullosa de ellas que estaba riéndome y llorando, como si su logro fuera de alguna manera el mío también. Troté al lado de ellas, fuera de la pista, envuelta en la alegría del momento, y escuché claramente cuando Dios me dijo: «¡Imagínate todo lo que te habrías perdido hoy si solo hubieras estado aquí por ti misma!».

Nunca habría visto a los corredores elite. No habría estado allí cuando mi amiga Hannah corrió su mejor tiempo (¡13,1 millas en menos de dos horas!). No habría podido pararme al lado de Joy, quien hizo que mis gritos de ánimo lucieran inferiores. Después de correr su carrera, ella gritó más alto que todos los espectadores y siguió animando a los otros corredores. No habría estado allí para abrazar a Katie y Brittany. No habría visto nada de esto... hubiera corrido otro medio maratón —como lo he hecho diez veces antes— y no hubiera tenido nada para mostrar, excepto un poco más de orgullo y la banana que te dan al final.

El primer paso para superar el deseo de juzgar y competir es reconocer que nadie es inmune. Algunas de nosotras juzgamos de formas sutiles: giramos los ojos por la manera de vestir de alguien, fruncimos el ceño cuando vemos a un niño comportándose mal en el supermercado, o hacemos conjeturas a la salida de la escuela sobre otra mamá que tiene una expresión seria y viste un traje de chaqueta todos los días y luce tensa. Para otras, juzgar es un problema más grande: reprendes a tu hermana menor porque sus puntos de vista son distintos a los tuyos, chismeas viciosamente con otras mujeres, haces comentarios hirientes en los medios sociales a personas que ni siquiera conoces simplemente porque se han salido de las líneas de lo que opinas que es bueno.

El segundo paso es reconocer que solo porque tú creas algo, no significa que es cierto para todo el mundo. En muchísimas ocasiones el juicio viene de sentir que, de algún modo, lo tienes todo resuelto cuando en verdad no es así. En realidad, juzgar a otras personas nos hace sentir más seguras en nuestras propias elecciones. La fe es uno de los ejemplos de esto más abusados. Decidimos que nuestra religión es la correcta; por lo tanto, todas las otras religiones tienen que estar equivocadas. Dentro de la misma religión, o qué va, aun dentro de la misma iglesia, la gente se juzga por no ser el tipo adecuado de cristiano, católico, mormón o *jedi*. No sé cuál es el principio central de tu fe, pero el de la mía es «ama a tu prójimo». No es «ama a tu prójimo si luce, se comporta y piensa como tú». No es «ama a tu prójimo siempre y cuando se vista con la ropa adecuada y diga las palabras correctas».

Simplemente ámalos.

Sí, también creo en hacernos responsables mutuamente; sin embargo, esto ocurre dentro del marco de la comunidad y las relaciones. Hacernos responsables mutuamente proviene de un lugar hermoso en el corazón de la amistad que hace que te sientes con tus amigas y les preguntes con amor si han considerado sus acciones bajo cierta perspectiva. Hacernos responsables mutuamente proviene de un lugar lleno de amor. El juicio viene de un lugar lleno de miedo, desprecio, o incluso odio. Por lo tanto, ten cuidado de no disfrazar tus juicios como responsabilidad para que tu conciencia se sienta mejor.

He trabajado incansablemente durante un par de años para crear un contenido que atienda las necesidades de las mujeres. He dedicado muchísimas horas a tratar de entender exactamente lo que las mujeres como nosotras desean en la vida. ¿Sabes qué quieren? ¿Sabes qué es lo que más escucho, de lo que trata la mayoría de los correos electrónicos y sobre qué me piden más consejos? Amigos. Cómo hacer amigos. Cómo conservar a los amigos. Cómo cultivar relaciones reales y valiosas. Eso es lo que las mujeres más ansían. Es lo que realmente desean y esperan, y si eso es cierto, tenemos que empezar por el principio.

Empezamos por el principio y nos enseñamos a nosotras mismas a mantener una mente abierta. Comenzamos con ese primer hola o apretón de manos, y dejamos de tomar decisiones que no estén basadas en los hechos y la experiencia. Buscamos las similitudes en lugar de buscar las diferencias. Ignoramos detalles como el pelo o la ropa o el peso o la raza o la religión o el trasfondo socioeconómico. Prestamos atención a cosas como el carácter, el corazón, la sabiduría y la experiencia. Y no, tal vez no sea fácil, pero te prometo que valdrá la pena. Tu tribu está allá afuera, y si no la has encontrado todavía, te reto a que consideres que tal vez tu gente venga en un paquete distinto del que pensaste que vendría.

LAS COSAS QUE ME AYUDARON...

1. *Las amigas imparciales.* Con frecuencia nos transformamos en cualquiera que esté a nuestro alrededor. Si tus amigas están llenas de chismes y veneno, te prometo que comenzarás a desarrollar el hábito. Cuando estés buscando una comunidad de mujeres, busca a aquellas que quieren edificarse mutuamente en lugar de destruirse entre ellas.

2. *Vigilarme a mí misma.* Cuando ya emitimos juicios (y seamos sinceras, la mayoría de nosotras lo hace), tenemos que poner mucho empeño en vigilarnos a nosotras mismas. Siempre que me sorprendo juzgando a alguien en mi mente, me obligo a detenerme y a pensar en elogios para esa persona. Al hacerlo, estoy aprendiendo a buscar lo positivo en lugar de recurrir a lo negativo.

3. *Lidiar con el asunto.* Por lo general, nuestras críticas y chismes provienen del pozo profundo de nuestras inseguridades personales. Llega al fondo de lo que está ocurriendo *contigo*. ¿Qué está provocando que ataques a los demás? El primer paso para llegar a ser la mejor versión de ti misma es ser sincera, realmente sincera, sobre lo que te motiva a actuar de esa manera.

45

CAPÍTULO 5

La mentira:

AMARLO ES SUFICIENTE PARA MÍ

Me enamoré la primera vez que lo vi.

¿Te suena dramático? Probablemente. Ni siquiera estoy segura si estaba al tanto en aquel momento, pero la escena se repite con claridad en mi memoria.

Me dirigí al vestíbulo para encontrarme con la cita de las once de mi jefe. Solo había un hombre allí parado. Estaba de espaldas, con las manos en sus bolsillos. Tenía un bolso de mensajero de cuero desgastado colgado en el hombro.

Me fijé primero en el bolso.

Recuerdo haber pensado que era súper genial que este hombre vistiera un atuendo de negocios, pero llevara un bolso de cuero desgastado en lugar de un maletín.

«Disculpe», dije mientras atravesaba el vestíbulo. «¿Está aquí para reunirse con Kevin?».

En mi mente, se dio la vuelta en cámara lenta. La memoria se ilumina cuando veo su rostro por primera vez. Él me sonríe y extiende su mano para tomar la mía. El instante se alarga hasta el infinito, y luego regresa como un elástico. Todo recobra su tiempo real.

Algo acaba de ocurrir, recuerdo con claridad haber pensado. Estaba emocionada y aterrada, a partes iguales. Él era mayor y estaba totalmente fuera de mi liga. Aun así, me sorprendí pensando: *Pero quizás...*

Aquel quizás selló el asunto. Mi curiosidad no me dejaba en paz. Fue suficiente para sobresaltarme, para hacerme desear haberme puesto algo más bonito que una falda larga negra y una camiseta a juego que no me quedaba bien.

Aquella no era la primera vez que había hablado con él, pues llamaba a menudo para conversar con mi jefe. Era la primera vez que hablaba con él en persona. No tenía idea de cómo lucía, o más en concreto, de que fuera tan guapo... y lo que *había* sido una relación de negocios rápidamente se convirtió en algo más insinuante.

Es importante resaltar que no tenía *ninguna* experiencia con los hombres. Me habían contratado como pasante durante mi primer año en la universidad. Aquel verano ellos me ofrecieron un empleo, y sin pensarlo mucho, dejé la escuela para aceptarlo. Acababa de cumplir diecinueve años. A esta tierna edad, había besado a un par de chicos en la secundaria, pero nunca había tenido una relación real ni había salido en una cita romántica. Podría haber sido profesionalmente madura para mi edad, pero con respecto al romance, tenía la experiencia de vida de una ameba.

Nuestra relación avanzó por correo electrónico y mirándonos el uno al otro durante las reuniones de negocios. Probablemente sea justo decir que tenía el carnet de identidad de mi hermana mayor, así que, en aquellas reuniones, yo ordenaba una copa de vino como todo el mundo. Y dado el trabajo que realizaba, a este hombre nunca se le ocurrió cuestionar mi edad. Ni yo tampoco ofrecí la información voluntariamente.

También vale la pena mencionar que él me llevaba ocho años y toda una vida de experiencia.

Me invitó a mi primera cita real, y pasé días y días tratando de decidir qué me pondría. Me sorprendí un poco cuando llegué y lo encontré vestido de una manera tan casual. Mirando en retrospectiva, esto era indicativo de la diferencia entre su preparación para la cita y la mía... pero solo puedo ver eso a posteriori.

Caminamos por la calle hasta un pequeño restaurante italiano. Traté de mantener la calma, pero internamente sentía que estallaba de la emoción... ¡porque estábamos *en una cita*! Me sentía muy nerviosa. Me preocupaba que intentara tomarme la mano o besarme, ¡o las dos cosas! No tenía la menor idea de cómo lidiar con gracia con cualquiera de esas situaciones, así que oré fervientemente que no me pusiera en una posición donde tuviera que averiguarlo.

Estábamos sentados a la mesa. Ordenamos una botella de vino. «Espero que no seas una de esas chicas a las que le da miedo comer en una cita», me dijo riéndose.

Esto me molestó. Todavía no se había decidido quién o qué tipo de chica yo era. No me gustó que me comparara con otra persona, ni tampoco me gustó el recordatorio de que esta no era su primera cita romántica. Respondí comiéndome más de la mitad de la pizza que estábamos compartiendo. Habló sobre sí mismo por dos horas corridas. No me importó. Estaba fascinada.

Aquella noche, cuando me acompañó hasta mi auto, pensé que iba a vomitar. Estaba noventa y nueve por ciento segura de que trataría de besarme, y también estaba segura de que yo no era una chica que besa en la primera cita. Es decir, no tenía práctica con esta teoría, pero se sentía como la verdad. Así que cuando me dispuse a tirar mi bolso en el asiento del pasajero y me volví y observé que se estaba inclinando hacia mí, inmediatamente puse mis dos manos en el medio —con mucha gracia— y exclamé: «¡No me beses!».

Él se detuvo, con los ojos como platos, antes de sonreírse como el galán sexy de una telenovela.

«Te iba a abrazar», me dijo. Me tomó la mano y me la estrechó con firmeza. «Pero solo para estar seguro».

Lo dijo con tal encanto que quise morirme. Mi mortificación no tenía límites. Me fui de aquella cita sintiéndome desconcertada y algo enamorada. Estaba segura, sin sombra de duda, de que me casaría con aquel hombre.

Después de una cena que constó de pizza y vino barato, estábamos oficialmente saliendo juntos... o por lo menos yo pensé que era así.

No sabía que había reglas.

Ni siquiera sabía que había un juego.

Poco después de aquella primera cita, me invitó a salir otra vez. En esta ocasión a tomarnos una sopa en un restaurante ultra moderno en aquel momento. Solo en LA puedes invitar a alguien a una cita a un establecimiento local y de moda donde sirven sopas y a nadie le parece extraño.

Una semana más tarde me preguntó cuándo me había graduado de la universidad... porque, claro, todavía no le había dicho mi edad. En cierto modo, sabía que no iba a estar contento con nuestra diferencia de edad. El correo que le escribí para contestarle (porque esto fue antes de los mensajes de texto) comenzó con: *Bueno, esto podría ser interesante...*

Él respondió como un campeón. Me dijo que yo era Doogie Howser, y en realidad *sí* me sentía como una especie de niña prodigio, pues no solo tenía este trabajo, sino que también tenía una relación real con un adulto. No lo sabía en aquel momento, pero al otro lado de aquel correo, aquel *adulto* no estaba ni un poquito contento.

El tema surgió en nuestra siguiente cita: yo era demasiado joven, demasiado inexperta en todos los sentidos y él no quería ser el tipo que me lastimara.

¿Puedes creerme cuando te digo que no escuché nada en absoluto? Es decir, mis oídos estaban funcionando bien, pero mi cerebro no podía procesar la idea. Yo seguía pensando: ¿Cómo rayos podrías herirme?¡Nos vamos a casar y a tener bebés, y va a ser maravilloso!

¡Dios mío!... Mi pequeño e ignorante corazón.

Él se resistió, pero yo fui tenaz en mi empeño. Pensaba que tenía la madurez suficiente para lidiar con todo aquello. Pasé rápidamente de nunca haber salido en una cita a quedarme todas las noches en su apartamento. Para ser clara, permíteme explicártelo: en aquel momento no estábamos teniendo relaciones sexuales... pero, sinceramente, era solo un tecnicismo.

¿Se supone que reconozcas todo esto cuando estás escribiendo un libro para una casa editorial cristiana? No tengo idea. Sin embargo, sé con certeza que no soy la única «buena chica cristiana» que se enamoró de un hombre y tiró por la ventana todos los ideales en los que siempre creyó, ya que nada le importaba más que ser amada por él.

Al mes de haber comenzado nuestra relación, fuimos a una fiesta en la casa de una amiga, y como era una pequeña conejita, le presenté a mi novio a todo el mundo aquella noche.

«Él es mi novio. ¿Ya te presenté a mi novio? ¿Quién es él? ¡Ah, es solo mi *novio*!».

Ah, me avergüenzo solo de recordarlo. También me avergüenzo cuando pienso en el día siguiente, cuando él estaba claramente molesto conmigo, pero no me explicaba el porqué. Seguí preguntándole hasta que finalmente me dijo frustrado y de mal humor: «Nunca antes te habías comportado según tu edad, pero anoche parecía que la tenías escrita en tu camiseta».

¡Ay!

Por un lado, y de muchas maneras, él tenía razón. Siempre había sido increíblemente profesional en el trabajo y madura cuando salíamos, pero en este caso no conocía las reglas. No entendía que no podías simplemente decir que un muchacho era tu novio sin una conversación previa. Ingenuamente creía que, si alguien había visto tus senos y salían a menudo a comer juntos, eso quería decir que eran una pareja. Y solo para añadirle un poco más de verdad a esto, no tenía ningún sentido de culpa sobre todo el asunto de *aquí están mis senos*, pues creía que íbamos a casarnos. Justificaba mis decisiones, porque creía que eran parte de nuestra historia más grande. Mientras tanto, este hombre ni siquiera creía que estábamos *saliendo juntos*.

Rachel, a los treinta y cuatro años, puede verlo todo claramente en retrospectiva. A los diecinueve años, estaba enamorada y era insegura, así que cuando él decía o hacía algo hiriente, ella lo justificaba.

Es difícil para mí escribir todo esto. Y para mi esposo no será fácil leerlo. Dave es muy distinto de aquel hombre, y será duro para él descubrir —en detalles que nunca le he contado por completo— lo mucho que me lastimó esta conducta.

Sin embargo, el asunto es este: yo no soy la única mujer que le haya permitido a un hombre que la maltrate. Es importante que cuente mi historia, porque creo que algunas tal vez se encuentren en una situación similar ahora mismo. Y como yo, quizás tú te has adentrado tanto en el bosque que no puedes ver los árboles. Al contar mi historia y mi verdad, mi esperanza es que pueda ayudarte a tomar mejores decisiones que las mías, o a ver tu realidad como lo que ciertamente es.

Porque esta es la cruda verdad: yo era solo un pasatiempo sexual.

La hija del pastor, la que nunca había estado en una cita, la muchacha buena y conservadora... *yo* manejaba hasta la casa de este hombre cada vez que me lo pedía y después fingía que no se me retorcían las entrañas cuando ni siquiera me saludaba durante el día.

Mientras estábamos juntos era tan dulce y tierno que eso me sostenía durante los periodos en que no me llamaba. En las raras ocasiones en que me encontraba con él y sus amigos en un bar, y ellos me ignoraban —o peor— se referían a mí solo como «la de diecinueve años» y él no hacía nada para defenderme, me inventaba excusas. Yo era como la chica con exceso de peso en la escuela que se mofa de sí misma antes de que cualquier otra persona lo haga... actuaba como si fuera parte del chiste, como *si fuera el chiste*, como si no mereciera que me defendiera. Cuando coqueteaba con otras muchachas delante de mí o me invitaba a algún sitio y después me ignoraba toda la noche, me decía que debía tomarlo con calma. Él había reaccionado muy mal cuando dije que era mi novio, y ya había aprendido lo suficiente para saber que si traía a colación el tema, me vería como una chica pegajosa. Aceptaba las migajas que me daba, y peor aún, me *emocionaba* recibirlas.

Mientras escribo estas palabras, estoy llorando.

No lloré cuando escribí el capítulo sobre la muerte de mi hermano o el dolor en mi niñez... ¿pero esto? Esto me arranca la piel. Estoy muy triste por aquella niñita que sabía tan poco. Me siento destrozada porque nadie la preparó para la vida, ni le enseñó a amarse a sí misma para que no estuviera desesperada por cualquier forma de amor de otra persona. Me entristece que haya tenido que descubrirlo por ella misma. Me decepciona que le haya tomado tanto tiempo.

Me tomó un año —todo un año de *lo que tú quieras, lo que tú necesites, lo que tú pienses que es mejor*— un año en el que traté *todo* lo que se me ocurría, traté de *ser* todo lo que él quería. Atenta, pero no pegajosa. Linda, sin esforzarme demasiado. Divertida, inteligente y graciosa. Simpática con sus amistades, aunque me trataran como basura. Cariñosa y considerada cuando me quería cerca, y sin molestarlo si él no me llamaba primero. A finales de ese año, cuando su compañía lo mudó a otro estado y nuestra ya delicada relación se vio amenazada, mi virginidad pasó de un tecnicismo a inexistente. Fue la última y mejor manera que se me ocurrió para retenerlo.

No funcionó.

Dos meses después de mudarse, voló de regreso el tiempo suficiente para romper conmigo.

Quería un nuevo comienzo, me dijo. Necesitaba realmente una oportunidad para afianzar sus raíces en su nueva ciudad, me dijo. Yo era especial para él, me dijo. Simplemente no iba a funcionar, me dijo. Siempre seríamos amigos, me dijo.

En mi mente, puedo verlo claramente, aunque no me acuerdo a menudo ni en detalle de aquel día, porque fue demasiado doloroso. Mi cama tenía un edredón rosado y naranja brillante de Ikea, y me senté justo en el medio y lloré. El recuerdo me hace inclinar la cabeza y pone de rodillas mi corazón. Tal vez leas este capítulo y sientas coraje por la forma en que este hombre me trató, o te enojes por la situación en la que me involucré, pero yo no veía nada de eso.

No tenía orgullo.

Me senté sobre aquel edredón brillante, y en lugar de no dejarme pisotear, le supliqué que no me abandonara.

Se fue de todos modos.

Aquella noche lloré hasta quedarme dormida.

A la mañana siguiente, me subí al auto y manejé dos horas hasta mi ciudad natal para pasar el Día de Acción de Gracias con mi familia. Aquel día fue miserable. Usa tu imaginación para soñar con el tipo de conversaciones que me vi obligada a entablar con mis bienintencionadas tías sureñas después de haber sido abandonada.

Jesús lloró.

Aquella noche, cuando me subí al auto para manejar de vuelta a casa, vi que tenía un mensaje de voz. De alguna manera sabía que me llamaría; después de todo, era la rutina. Él hacía algo hiriente, yo lo aceptaba y esperaba al lado del teléfono para ver si quería otra oportunidad.

Me resistí a escuchar aquel mensaje durante las dos horas que me tomó llegar a mi apartamento. Una vez allí, marqué el número de mi correo de voz y permanecí inmóvil mientras escuchaba el mensaje. Solo quería saber cómo estaba —decía— solo quería estar seguro de que yo me encontraba bien.

Fue un momento providencial en mi vida. Nunca antes ni desde entonces he experimentado una claridad total como aquella. Allí parada en mi horrible apartamento en Hollywood vi nuestra relación como si tuviera un mapa enfrente. Estaba el lugar donde nos besamos por primera vez. El desvío cuando dejamos de hablarnos por dos semanas después de que dije que era mi novio. La noche en que coqueteó con las chicas populares del trabajo delante de mí. Luego estaba el día en que escuché por primera vez la frase: «No solo no estamos juntos, sino que no *no* estamos juntos». Vi esa frase y otras similares esparcidas como proyectiles de mortero por todo el terreno. Allí estaba la primera vez que me llamó y me pidió que fuera a su apartamento después de haberse emborrachado en un bar al que no me había invitado.

Durante un año solo había mirado las partes lindas de nuestra relación, y por primera vez me obligué a ver lo que había allí realmente.

«¿Quién eres?», le pregunté a mi habitación vacía.

No obstante, esa no era la pregunta correcta. El asunto no era que no supiera quién yo era; el problema era que no conocía a la persona en la que me había convertido.

Quizás te sorprenda saber que no lo culpo por nada de lo ocurrió durante aquel año. Aunque era un hombre adulto, también tenía su propio bagaje. A su manera, también era joven e inmaduro. La gente te tratará con tanto o tan poco respeto como se lo permitas, y nuestra relación disfuncional comenzó la primera vez que me maltrató y lo acepté.

Le devolví la llamada, igual que lo había hecho cientos de veces antes. No obstante, esta vez estaba totalmente tranquila. No sentía ansiedad por lo que pudiera pensar ni estaba emocionada por hablarle otra vez. Cuando contestó el teléfono, de inmediato comenzó a preguntarme cómo me sentía y si la había pasado bien con mi familia... como si fuéramos viejos amigos poniéndose al día, como si no me hubiera arrancado las entrañas el día anterior.

«¡Oye!», lo interrumpí.

Hizo silencio. Prefiero creer que fue algo en mi tono de voz que lo hizo detenerse, pero quizás fue simplemente asombro, porque nunca antes lo había interrumpido.

Tranquilamente y sin drama, le dije: «Estoy harta de esto. Estoy harta de ti. No me llames nunca más».

No estaba buscando su atención ni tratando de hacerme la difícil; dije cada palabra muy en serio.

«¿Por qué?», respondió sorprendido.

«Porque no merezco que me traten así. Porque no puedo estar de aquí para allá. Porque no me gusta la persona en que me he convertido... pero, sobre todo, porque me dijiste que éramos amigos. Todo este tiempo, independientemente de lo que haya pasado, me dijiste que yo era tu amiga. No quiero que seamos amigos si así tratas a alguien a quien realmente aprecias».

Pronuncié aquellas palabras con cada fibra de mi ser. Le colgué y apagué mi teléfono. Me cepillé los dientes y me puse el pijama. Después me fui a la cama y me escondí debajo de aquel edredón rosado, y dormí en paz y con los ojos secos por primera vez en meses. Recuerdo aquella noche como la primera vez que realmente me sentí como una mujer adulta.

Me desperté porque alguien estaba tocando en mi puerta.

Esta es la parte maravillosa de la historia. Este es el momento que se siente como una película o una novela romántica.

Aquí es cuando te digo que me levanté y encontré a mi esposo al otro lado de la puerta.

El hombre que me trató mal, me estuvo dando falsas esperanzas y no podía decidirse se perdió en algún punto entre la casa de sus padres y mi apartamento la noche de aquel Día de Acción de Gracias. Sé que parece dramático, pero así ocurrió realmente. Recuerdo todo en nuestra relación como *antes* o *después* de este momento: nuestra historia de amor había renacido.

Y es una historia de amor. Nuestra relación es el mejor regalo en mi vida. Dave es mi mejor amigo, la primera persona que realmente me cuidó, y he tenido el honor de verlo convertirse en un esposo, padre y amigo maravilloso.

Sin embargo, ninguna historia es perfecta.

Muy pocos caminos al amor son fáciles de transitar, y el nuestro no fue la excepción. No obstante, para mí es muy importante que sepas que, aunque nuestra jornada no ha sido fácil, los catorce años desde aquel primer año desastroso pesan más que los errores que ambos cometimos. Es importante para mí contar esta historia debido a que es nuestra historia. Mi esposo es valiente y humilde al apoyarme en que la presente al mundo con la esperanza de que tal vez le sirva a alguien. También es importante entender que no creo que es así como las cosas suelen pasar.

Abrir la puerta aquella noche y encontrar a Dave en el pórtico suplicándome que le diera otra oportunidad se siente como algo especial porque fue especial. En la mayoría de los casos, lo que, por lo general, ocurrirá es que si le permites a alguien que te maltrate, lo seguirá haciendo. Si no puedes valorarte a ti misma, nadie lo hará tampoco. Dudo siquiera si debo contarte el final, porque no quiero que nadie lo use como una excusa para permanecer en una relación enfermiza con la esperanza de que se sane. Nuestra historia terminó bien, pero esto no habría ocurrido si no hubiera estado dispuesta a irme. Aquella noche en mi cuarto llegué al punto en el que no podía vivir ni un día más sin respetarme a mí misma; no podía quedarme con una pareja que no valorara realmente quién yo era como persona. A veces, la decisión de irte, aun cuando signifique que rompas tu corazón, puede ser el más grande acto de amor propio al que tengas acceso.

¿Qué más puedo decirte? ¿Qué puedo ofrecerte como perspectiva o consejo, o que me gustaría que recibieras de este capítulo? Quisiera que, si te identificas con mi historia, te sirva como un espejo. Quisiera que pudieras alejarte de los árboles lo suficiente como para ver el bosque por lo que es. Me gustaría que las mujeres que hayan vivido algo similar y todavía se sienten culpables, aunque pasó hace tiempo, descubran que no son las únicas.

Muchísimas mujeres han cometido errores o han hecho cosas que lamentan, o se convierten en versiones de ellas mismas con las que no están contentas. Muchísimas otras han sobrevivido y han salido más fuertes del otro lado gracias a ello. Todos los días estás decidiendo quién eres y lo que crees sobre ti misma, y estás estableciendo los patrones para las relaciones en tu vida. Cada día es una oportunidad para comenzar otra vez.

LAS COSAS QUE ME HUBIERAN AYUDADO...

1. *Tener un paño de lágrimas.* Cuando pasé por esta etapa, realmente no tenía ninguna amiga cercana ni mentoras que me aconsejaran. Pienso que si hubiera hablado con alguien más sabio, tal vez me habría dado cuenta más rápido de lo enfermiza que era mi relación. Ten cuidado cada vez que la única voz de consejo sea la tuya. Cuando estás enamorada, tu juicio puede empañarse fácilmente.

2. *Estar preparada.* Cuando mis hijos tengan la edad suficiente, les voy a contar esta historia. Sé que no pinta a ninguno de sus padres de la mejor manera, pero quiero que aprendan de ello. Si hubiera sido menos ingenua y hubiera sabido más sobre el respeto propio, pienso que hubiera visto nuestra relación como lo que era.

3. *Los zapatos de otra persona.* Si contaras la historia de tu relación —tanto lo bueno como lo malo— ¿habría más bueno que malo? Si una amiga o una persona extraña hubieran escuchado sobre mi relación y les hubiera contado todo lo que me estaba lastimando, no puedo imaginar que no quisieran sacudirme hasta que me rechinaran los dientes. ¿Dirían otros que tu relación es saludable? Si la respuesta es no, o si siquiera tienes que cuestionártelo, te suplico que analices más profundamente la relación en tu vida.

la mentira:

«NO» ES LA RESPUESTA FINAL

Cuando me invitan a ser la oradora principal en una conferencia, por lo general, puedo escoger hasta cierto punto de lo que voy a hablar. A veces es sobre los negocios, la vida o algún área de especialización, como la planificación de eventos. Sin embargo, lo que la mayoría de mis charlas tienen en común —el tema en el que realmente me considero una experta— es el hecho de recibir un no como respuesta. De verdad, me han dicho no de tantas maneras distintas y por medio de tantas personas diferentes, que a veces parece como si la *vida* misma estuviera diciendo que no. Soy experta en el rechazo; o para ser más específica, soy experta recuperándome del rechazo y abriéndome camino hasta alcanzar mi meta.

Supongo que si algo puedo regalarte a través de la lectura de este libro, es que *no* es solo una respuesta si lo aceptas. Entonces, permíteme usar un capítulo de este libro para —según espero— motivarte a la acción. Quiero que te sientas tan animada que apenas puedas soportarlo. Quiero que tengas una de esas noches en las que permaneces despierta hasta la una de la madrugada escribiendo tus grandes sueños y planes en listas interminables. ¿Tú conoces esas noches, ya sabes... cuando estás tan entusiasmada que no puedes apagar tu cerebro y tienes que tomarte una píldora de Benadryl solo para conciliar el sueño?

¡Sí!

Quiero que estas palabras te entusiasmen *así* de mucho. Espero que te contagies con mi entusiasmo —lo cual, por cierto, sería mucho más fácil si te estuviera dando esta charla en persona— pero te prometo usar un montón de palabras en cursivas para lograr un énfasis y hablarte sobre la palabra *no* y el rol que ha jugado en mi vida.

He esperado años por la oportunidad de explicar mi relación con el rechazo... tal vez, toda una vida.

Hace unos seis años, *Inc. Magazine* me nombró como una de sus treinta empresarias más importantes, con menos de treinta años. ¡Oh, la, la!

Fue un gran honor (evidentemente, porque todavía estoy hablando de ello), pero lo más interesante de esto, y algo que la mayoría de la gente desconoce, es que cuando recibes un título tan prestigioso como ese, casi de inmediato comienzas a ganarte cientos de millones de dólares cada año.

¡Es broma!

No, lo que ocurre es que todas las universidades en un radio de cien millas comienzan a llamarte inmediatamente para pedirte que los visites y les hables a sus estudiantes. Y como yo no he parado de hablar desde el momento en que descubrí cómo hacerlo, por supuesto que acepté todas las invitaciones. Cada una de aquellas sesiones duraba alrededor de una hora, que consistía en treinta minutos hablando sobre mi carrera y compañía, y treinta minutos de preguntas y respuestas. Con el tiempo, casi podía determinar el minuto exacto en que escucharía la clásica pregunta: «Hola, Rachel» —siempre comenzaban así (¡porque aparentemente hoy en día llamamos a los adultos por su primer nombre como si fuéramos un montón de hippies!)— «¿puedes decirnos cuál es el secreto de tu éxito? ¿Qué te da verdaderamente una ventaja sobre las demás?».

En primer lugar, Dios bendiga a nuestra juventud. Dios bendiga a esos pequeñitos que creen que toda una vida de ajetreos y trabajo y sudor y estrés y levantar, levantar y levantar una compañía podría resumirse en una sola respuesta.

Sin embargo, lo intenté.

Al principio, cuando me hacían esta pregunta, daba respuestas genéricas: trabajo duro, dedicación, hacerte indispensable, bla, bla, bla. No obstante, conforme visitaba más escuelas y me daba cuenta de que sería la pregunta que siempre me harían, decidí que lo mejor era descubrir la verdad. Así que comencé a hacerme preguntas a mí misma.

¿Qué condujo a esta plataforma enorme y a todas estas seguidoras? ¿Cómo obtuve los contratos para escribir libros y las presentaciones en la televisión? ¿Por qué era *yo* la que estaba frente al auditorio contestando preguntas? ¿Por qué no era otra persona?

Pienso que el lugar obvio para comenzar es las conexiones de mi familia.

Verás, después de que me gradué de Yale y luego de la Harvard Business School, comencé a trabajar en el negocio de petróleo de mi familia. Más adelante, me convertí en codueña de los Texas Rangers antes de llegar a ser gobernadora de ese gran estado, y luego... bueno, casi todo el mundo sabe que mi padre fue presidente de Estados Unidos, así que cuando decidí postularme a la presidencia... Espera, no, esa no soy yo.

¡Ese es George W. Bush!

No, a modo de recordatorio, crecí en un lugar llamado Weedpatch. Y este no era un apodo bonito que usaba la gente local; es literalmente su nombre para cualquier mapa que quiera incluirlo. Lo que quiero decir es que las conexiones familiares no han sido el secreto de mi éxito.

Ahora bien, hablando en serio, cuando me mudé a Los Ángeles comencé a relacionarme con amistades bastante influyentes dentro de la industria del espectáculo. Paris Hilton y yo éramos amigas íntimas. Luego comencé a salir con Ray J (¿lo recuerdas?), y esto realmente me convirtió en una celebridad. Aproveché la atención a partir de esa relación para conseguir mi propio show en E!, y luego me gané millones con toda una variedad de productos. Cuando Kanye me pidió que fuera su esposa, bueno... ¡Ay, no! Esa es Kim Kardashian.

El secreto de mi éxito no es la celebridad.

Bromas aparte, mi éxito tiene mucho que ver con levantarme temprano, ser la persona que más duro trabaja en la oficina, pedir ayuda, ser capaz de fracasar una y otra vez, y trabajar constantemente para mejorar tanto a mi persona como mi marca. Sin embargo, muchísima gente hace estas cosas y no alcanzan el tipo de éxito que yo tengo.

¿Quieres saber a qué se debe? ¿Por qué creo que soy yo la que está escribiendo este libro en este instante cuando otras personas que han tratado de hacer exactamente lo mismo no han tenido éxito?

En realidad, es sencillo.

No se trata de talento, destreza, dinero o conexiones.

Es porque cuando persiguieron sus sueños y se encontraron

con un obstáculo, cuando experimentaron el rechazo, o cuando alguien les dijo no... estas personas escucharon.

Soy exitosa porque me negué a aceptar un no por respuesta.

Soy exitosa porque ni por un momento creí que alguien más manejaría mis sueños. Eso es lo increíble acerca de tus sueños: nadie puede decirte cuán grandes pueden ser.

Cuando de tus sueños se trata, «no» no es una respuesta. La palabra «no» no es una razón para detenerte. Más bien, piensa en ella como un desvío o una señal de ceda el paso. «No» significa *converge con precaución*. «No» te recuerda que debes reducir la velocidad para reevaluar dónde estás y considerar cómo la nueva posición en la que te encuentras puede prepararte mejor para tu destino.

En otras palabras, si no puedes entrar por la puerta del frente, intenta por la ventana lateral. Si la ventana está cerrada, tal vez puedas bajar por la chimenea. «No» no quiere decir que te detienes; simplemente significa que cambias el rumbo para llegar a tu destino.

Sin embargo, entiendo que no todo el mundo ve el no igual que yo. Para inspirarte a perseguir con empeño tus sueños, quizás tengas que cambiar tu percepción del no. Voy a hacer todo lo posible para llevarte ahí... y voy a empezar con esta pregunta:

¿Qué tal si la vida no te estuviera ocurriendo *a ti*?

¿Qué tal si las cosas difíciles, las maravillosas, el amor, la alegría, la esperanza, el miedo, las cosas extrañas, las graciosas, las cosas que te dejan tirada en el suelo llorando y pensando en *cómo llegaste allí*...?

¿Qué tal si nada de eso te estuviera ocurriendo *a ti*?

¿Qué tal si todo eso estuviera ocurriendo *para* ti?

Chicas, todo es un asunto de percepción.

La percepción significa que no vemos las cosas como *son*; vemos las cosas como *nosotras somos*. Consideremos una casa en llamas. Para un bombero, una casa ardiendo es un trabajo que debe hacer; quizás hasta sea la tarea o la misión de su vida. ¿Para un pirómano? Una casa en llamas es algo emocionante y bueno. Sin embargo, ¿qué tal si se trata de tu casa? ¿Qué tal si es tu familia la que está parada afuera viendo cómo se queman todas sus posesiones materiales? Entonces esa casa en llamas se convierte en algo completamente distinto.

Tú no ves las cosas como son; ves las cosas a través del lente de lo que piensas, lo que sientes y lo que crees. La percepción es la realidad, y estoy aquí para decirte que tus experiencias pasadas pintan mucho más tu realidad que lo que en verdad te está ocurriendo. Si tu pasado te dice que nada funciona, que la vida está en tu contra y nunca tendrás éxito, ¿qué tan probable es que sigas luchando por algo que deseas? O, por el contrario, si dejas de aceptar el no como el fin de la conversación cada vez que encuentras oposición, puedes cambiar tu percepción y reestructurar toda tu vida.

Cada aspecto de tu vida —tu gratitud, la forma en que manejas el estrés, lo bondadosa que eres con los demás, lo feliz que te sientes— puede ser diferente si cambias tu percepción. No tengo todo un libro para dedicarle a este tema, así que hoy solo voy a enfocarme en tus sueños. Hablemos sobre las metas que tienes para tu vida y cómo puedes ayudarte a alcanzarlas.

Para hacer esto, tienes que llamar a tus metas por su nombre. Tienes que gritar tus esperanzas y tus sueños como el «Gran Bambino» lo hacía con sus jonrones. Necesitas el valor para pararte y decir: «Esto, lo que ves aquí: ¡es mío!».

Antes de que continúes leyendo, dedica unos momentos a enfocarte en un sueño específico. Busca una hoja de papel y escríbelo. O escribe diez sueños... tal vez puedas empezar con las cosas pequeñas e inofensivas y seguir escribiendo hasta que la verdad salga a relucir. Vamos, chica... nadie te está mirando. Nadie te va a juzgar.

Señal: música de ascensor.

Listo. ¿Tienes tu sueño?

¡Fantástico! Quizás, para algunas, esta sea la primera vez que han reconocido ese sueño. No obstante, me atrevo a apostar que la mayoría se ha encontrado antes con ese sueño, aunque nunca hayan tenido el valor para escribirlo en un papel.

Hola, viejo amigo.

Quizás ha estado cerca desde la niñez... tal vez sea algo en lo que estés trabajando ahora mismo... es posible que antes hayas trabajado en él, pero te rendiste. De cualquier forma, si todavía tienes ese sueño, entonces es probable que hayas experimentado algún rechazo en lo que concierne al mismo. Por lo tanto, mi primera misión es cambiar tu manera de ver la palabra *no*; tengo que eliminar tu miedo. El miedo impulsa tus elecciones y afecta tus decisiones, así que eliminémoslo. La mejor manera que conozco para hacerlo es hablar de él.

La Biblia dice que lo que está en la oscuridad debe ser sacado a la luz. Cuando permitimos que las cosas permanezcan en la oscuridad, cuando tenemos miedo de hablarlas en voz alta, les damos poder. La oscuridad provoca que esos miedos se infecten y crezcan, hasta que se hacen más fuertes con el tiempo. Si nunca permites que tus miedos salgan a relucir, ¿cómo rayos puedes eliminarlos?

¿Por qué crees que cada capítulo de este libro comienza con una mentira que solía creer? Porque quiero animarte a que le cuentes al mundo tus propias mentiras. El problema es que rara vez las reconocemos como mentiras hasta que alguien las señala o las superamos. Antes de llamarlas por su nombre, simplemente se disfrazan como cosas a las que les tememos. Piénsalo bien.

Así que eliminemos el miedo. Repasemos algunas de las razones por las que la gente renuncia a sus sueños. Quiero que te preguntes si alguno de estos ejemplos te identifica a ti.

Algunas personas se rinden porque una voz de autoridad les dice que lo haga. Una *voz de autoridad* puede conllevar todo tipo de cosas. Tal vez tu primer jefe te dijo que no eras la indicada para el trabajo de tus sueños, y lo creíste. Quizás tus padres —por amor, miedo, precaución o sus propios problemas— te dijeron que no lo intentaras. Es posible que tu cónyuge, tu pareja o tu mejor amiga haya temido lo que podría sucederle a la relación de ustedes si crecías, así que trataron de mantener anclada al suelo. Quizás esa voz de autoridad te diga que no eres «adecuada» para ello. Alguien dijo que pesabas demasiado a fin de entrenar para un maratón, o que eras muy joven para tener tu propio negocio. Te dijeron que eras demasiado vieja para tomar lecciones de baile. Te dijeron que eras muy femenina para viajar sola.

Tal vez la voz de autoridad sea la tuya. Quizás la conversación negativa en tu cabeza ha estado repitiéndose durante toda tu vida.

Es probable que toda una industria de expertos esté diciendo que no eres adecuada. He querido ser autora desde que entendí que los libros los escribían gente de carne y hueso. Como muchos aspirantes a autor, comencé aproximadamente setenta y tres manuscritos, pero en realidad no terminé ni uno. Entonces, hace algunos años, decidí que no seguiría dándome por vencida... *Solo por una vez,* pensé. ¡Solo por una vez me gustaría saber qué se siente al terminar!

Así que comencé a trabajar en mi libro de ficción histórica con un toque de viaje a través del tiempo (porque, en verdad, *¿por qué no* escribir eso los fines de semana?). De la nada, una agente literaria me contactó. (Bueno, solo a manera de contexto, supongo que no fue de la nada. Ya para ese entonces era una bloguera popular que tenía un buen grupo de admiradoras que me seguía, y también contaba con mucha publicidad como organizadora de fiestas para celebridades).

La agente literaria me preguntó si alguna vez había pensado en escribir un libro. Por supuesto, la empecé a entretener con mis anécdotas de romance histórico a través del tiempo... lo cual, en caso de que te estés preguntando, es básicamente la peor pesadilla de cualquier agente literario mientras promociona a una autora desconocida y sin probar. Así que esta mujer, Dios la bendiga, leyó las primeras veinte páginas de aquel desastre y con mucha cortesía regresó a la semana siguiente para informarme que no era realmente su estilo. En realidad, me había buscado para ver si me interesaba escribir un libro que no fuera de ficción sobre la planificación de fiestas. No obstante, como le estaba expresando mi interés en un libro de ficción, se preguntaba si estaría interesada en escribir un *roman à clef*. Nunca había escuchado ese término, pero una búsqueda rápida en Google me indicó que es un libro de ficción basado en gente real y notable. Simplemente cambias los nombres para evitar que te demanden. Un ejemplo excelente es *El diablo viste de Prada*. La pregunta de la agente era si tenía o no algunas historias jugosas después de haber sobrevivido a años de eventos con celebridades.

¡Y vaya que las tenía!

Tan pronto colgué el teléfono supe de inmediato cuál sería la historia. ¡Lo sabía porque era *mi* historia! Me había mudado de un pueblito con mentalidad sureña a Los Ángeles cuando era una adolescente. Antes de tener la edad para consumir alcohol legalmente, estaba organizando fiestas para las celebridades más importantes y reconocidas en el planeta. Era como un pez fuera del agua y poco elegante, pero de alguna manera establecí una carrera dentro de ese espacio. Ni siquiera tenía que imaginar el material; tenía años de historias tan emocionantes que no podía haberlas inventado ni aunque lo intentara.

Escribí diez páginas y se las envié inmediatamente por correo electrónico.

Dos días más tarde me contestó: ¡Puedo vender esto todo el día!

Una agente literaria... una agente literaria legítima y de carne y hueso me dijo que podría vender mi libro si yo estaba dispuesta a terminarlo. Casi me ahogué de la alegría.

Esto me obsesionó. Casi no veía a mi esposo ni a mis hijos mientras escribía como una demente y terminaba mi primer borrador. Me seguía repitiendo a mí misma que la única razón por la que no tenía ya un contrato para un libro era que, en realidad, nunca había terminado un manuscrito... así que pensaba que este libro estaba predestinado. Me imaginaba con detalles elaborados cómo me sentiría cuando tuviera la copia publicada en mis manos.

Terminé el libro y la agente literaria lo envió a todas las casas publicadoras de Nueva York. Las respuestas iniciales fueron muy amables y alentadoras. Los editores escribieron extensos correos electrónicos donde explicaban por qué no era lo que estaban buscando, pero me decían lo mucho que lo habían disfrutado. Mi confianza de que íbamos a venderlo aumentó cuando otras tres casas publicadoras organizaron conferencias telefónicas para discutirlo.

Cuando marqué los números para la primera llamada, pensé que me iba a orinar encima.

En la conversación, el equipo editorial comenzó diciéndome lo mucho que les agradaba mi persona, mi presencia en la Internet, mi estilo de redacción, etc. Elogiaron mi libro como divertido y encantador... buenos adjetivos, hasta donde yo sabía.

—Nuestra preocupación —dijo la editora—, es que resulta demasiado dulce.

No tenía idea de lo que quería decir, pero como era mi primer libro, les aseguré que esos detalles podían corregirse en la edición.

—Esperábamos que estuvieras abierta a hacer cambios.

—¡Por supuesto! —les aseguré.

Estaría dispuesta a un sacrificio ritual si eso significaba vender mi primer libro.

—O sea, ¿estarías dispuesta a cambiarlo para que fuera un poco más candente?

¡Vaya! No tenía idea de lo que estaba hablando. Mi cerebro evocó la imagen de una tapa de alcantarilla de la que salía vapor.

—¿Qué están pensando exactamente? —pregunté algo evasiva.

—Sexo. Necesita sexo, Rachel. Ninguna joven en sus veintitantos años que vive en Los Ángeles es virgen. Nadie creerá esta historia de amor. Si le añades algo de picante, esto podría ser un éxito en ventas.

Estoy tratando de recordar si alguna vez en mi vida me había sentido tan incómoda en un ámbito profesional.

A modo de contexto, es importante resaltar que esto ocurrió justo cuando *Cincuenta sombras de Grey* estaba irrumpiendo en el mundo del libro. Como la industria editorial sigue las tendencias al igual que cualquier otra industria, todos los editores estaban muy enfocados en tratar de alcanzar a esas lectoras.

No tenía idea de cómo responderles. Bueno, no soy una santa. He leído libros con imágenes sexuales (¡no se lo digan a mi abuelita!), pero no tenía la menor sospecha de que alguien me pediría que los escribiera. Además, me gustaba que la heroína de mi libro fuera ingenua e inocente, y pensaba que eso la hacía especial. Mientras más trataban de convencerme de que le añadiera picante a mi libro, más me preguntaba si yo estaba en una actividad extraescolar especial. Algo así como: *Eh, Rachel, si te fumas este crack, seremos tus amigas.*

Rechacé cortésmente la propuesta.

—Entendemos perfectamente —me dijeron—. Pero sin ese elemento este libro es demasiado dulce para el mercado. Nadie lo comprará tal como está.

Me sentí devastada.

Las otras dos llamadas con las casas publicadoras terminaron exactamente iguales.

Y después, todas las casas publicadoras que quedaban en nuestra lista también lo rechazaron. Era un viernes en la tarde cuando la última casa publicadora lo desaprobó. Recuerdo que me encerré en el baño y lloré a lágrima viva. Y no estoy hablando de lágrimas sutiles y lindas. Fueron lágrimas FEAS... del tipo *se acabaron mis sueños; todo el mundo detesta mi libro; soy una escritora terrible*.

No puedo decirte cuánto tiempo permanecí sentada en el piso del baño, pero sí puedo asegurarte que, a la larga, me levanté. Me sequé las lágrimas, caminé hasta la cocina y me serví una copa de vino. Después me senté frente a mi ruinosa computadora portátil, donde había escrito mi terriblemente remilgado manuscrito, y busqué en Google: ¿Cómo autopublicas un libro?

En febrero de 2014, autopubliqué mi libro *Party Girl*, que trata sobre una organizadora de fiestas de veintitantos años, ingenua, dulce y, sí, virgen, que vivía en Los Ángeles.

Aquel primer fin de semana creo que vendí cincuenta ejemplares... y probablemente cuarenta y cinco de ellos los compró Dave. Sin embargo, cada semana vendía unos pocas aquí y otros pocos allá. Las ventas siguieron aumentando y la gente comenzó a pasarlo entre sus amistades. Resulta que la dulzura del personaje principal era exactamente lo que a las personas les gustaba del libro. Seis meses más tarde, me llamó una casa publicadora y me preguntó si podía comprármelo y me hizo una oferta para escribir dos libros más a fin de convertirlo en una serie.

Hoy en día, aquel libro, del que me dijeron que no vendería ni un solo ejemplar, ha vendido más de cien mil ejemplares. Y también inició mi carrera como escritora.

He aquí lo más importante de toda esa historia. ¿Estás prestando atención?

Si hubiera escuchado a los expertos, ese libro todavía estuviera guardado actualmente en mi computadora.

Nadie —ni una voz de autoridad, ni tu mamá, ni el experto más respetado en tu industria— puede decirte qué tan grandes pueden ser tus sueños. Podrán hablar todo lo que quieran... pero eres tú quien decides si estás dispuesta a escuchar.

¿Otra razón por la que la gente se da por vencida con sus sueños? Son difíciles o están requiriendo demasiado tiempo.

Las metas y los sueños son difíciles. Lo entiendo. De hecho, hacerlos realidad será *mucho* más difícil de lo que piensas. Quizás estés progresando, pero es solo una pulgada cada vez... mientras tanto, a tu amiga Tammy le han dado dos ascensos, tu hermana está casada y tiene dos hijos, y tú sientes que todavía estás en la línea de partida y todo el mundo te está pasando por el lado. Algunos días te sientes tan desalentada que quieres llorar.

Pues dale, llora.

Rasga tus vestiduras y gime a los cielos como una plañidera bíblica. Sácalo todo. Después, seca tus lágrimas, lávate la cara y sigue adelante. ¿Crees que esto es difícil? Eso es porque *lo es.* ¿Y qué? Nadie dijo que sería fácil.

¿Estás cansada? ¿Cuántas veces en tu vida has estado cansada, pero has encontrado una forma de seguir adelante? ¿Cuántas mujeres que están leyendo esto ahora mismo se han dado por vencidas con un sueño porque era agotador seguir tras él? En esa misma línea, ¿cuántas de ustedes han dado a luz? Aun si no ha sido así, sé que puedes entender la idea fundamental. No importa cómo traigas un bebé al mundo (aunque sea por adopción), es algo agotador emocional y físicamente, pero de algún modo encuentras la forma de hacerlo. Buscas en lo más profundo una fuerza que no pensabas que tenías, ya que el proceso es, literalmente, de vida o muerte.

No me digas que no hay en ti algo que desea más de la vida. No me digas que tienes que darte por vencida porque es difícil. Esto también es de vida o muerte. Esta es la diferencia entre vivir la vida que siempre soñaste o sentarte al lado del cadáver de la persona que hubieras llegado a ser. Así es como me siento cuando me he rendido con un sueño, aunque sea por solo un momento... como si estuviera en un velorio. Como si estuviera en una habitación, mirando la evidencia de lo que pudo ser. Estoy segura de que muchas saben cómo se siente eso, y bien quieren cambiar la situación o no desean llegar a ella en ningún momento.

Tienes que hacer algo al respecto. Tienes que buscar en tu interior y recordar la razón por la que comenzaste esto. Será mejor que encuentres la voluntad para continuar, porque si no lo haces, te prometo que *alguien* la encontrará por ti. Si eso sucede, querida, verás cómo otra persona hará realidad *tus* sueños y disfrutará del botín de su dura batalla. Y si eso ocurre, entenderás una de las lecciones más importantes en esta vida: lo único peor que darse por vencida es desear no haberlo hecho.

¿Crees que tu sueño está tomando demasiado tiempo? A Julia Child le llevó diez años escribir *Mastering the Art of French Cooking*. Su libro transformó la idea de cocinar para mucha gente alrededor del mundo e inició su carrera. James Cameron trabajó durante quince años en *Avatar*, y es la película más exitosa en la historia del mundo.

El 3 de enero de 1870 comenzó la preparación del terreno para la construcción del puente de Brooklyn. El proyecto duró diez años, y durante ese tiempo, muchísimos hombres del equipo de construcción perdieron su vida. Sin embargo, el puente de Brooklyn sigue siendo un símbolo de Nueva York, y ciento treinta y cinco años más tarde, cuarenta y tres millones de autos se mueven hacia y desde Manhattan cada año.

¿Lo entiendes ahora? Nada que dure se alcanza rápidamente.

Todo el legado de una persona no se basa en un solo momento, sino en la colección de sus experiencias. Si eres afortunada, tu legado se irá formando a lo largo de toda tu vida.

Entre mi compañía de planificación de eventos y el negocio de medios que dirijo hoy en día, me ha tomado trece años de trabajo para llegar aquí... y ninguno de esos años fue tiempo perdido. Necesitaba trece años a fin de adquirir el conocimiento para escribirte sobre este tema. Necesitaba trece años hablándoles a las estudiantes universitarias, en grupos MOPS y en paneles de discusión con el objetivo de desarrollar mi destreza lo suficiente para pronunciar el discurso de apertura que sirvió como inspiración para este capítulo. Necesitaba fallar y cometer errores una y otra vez hablando frente a una audiencia para así aprender a hacerlo. Necesitaba escribir manuscritos mediocres que nunca terminaba y uno que nadie quiso comprar. Necesitaba abrirme paso en la industria editorial y pasar años dándome a conocer antes de estar en el lugar donde alguien me diera la oportunidad de escribir un libro como este.

Necesitaba soportar dificultades personales y desaliento, y un rechazo encima de otro... todo para poder pararme aquí y decirte: «Tu sueño merece que pelees por él, y aunque no tienes el control sobre lo que la vida te presenta, sí tienes el control de la pelea».

¿La última razón por la que la gente renuncia a sus sueños?

Porque algo traumático se interpone. El desastre es la excusa suprema. Un divorcio o una enfermedad o algo mucho peor te ocurre, y a veces las metas pasan silenciosamente a un segundo plano y allí se quedan. Las dejamos debido a que este trauma es tan pesado que simplemente no podemos cargar nada más. A veces los traumas ocurren, y si somos sinceras, algo en nosotras se alegra y pensamos: *Bueno, ahora nadie va a esperar cosa alguna de mí, porque ya es un milagro que me mantenga en pie.*

Permítame dedicar un momento a decirles a aquellas mujeres que están lidiando o peleando con algo doloroso: es un milagro que estés aquí. Sin duda, estás haciendo todo lo posible para salir adelante. Eres una guerrera a causa de las pruebas que estás enfrentando, pero no te atrevas a desperdiciar la fuerza que has ganado solo porque adquirirla fue doloroso.

Esas son las historias más importantes para contar.

Puedes usar esa fuerza para allanar la senda a fin de que otras te sigan. He compartido mis historias dolorosas en los capítulos de este libro y ha sido difícil hablar de todas ellas, pero lo hago con la esperanza de que ayude a algunas que han pasado por situaciones similares. También he hablado de mis metas y sueños, y de las maneras en que he luchado para alcanzarlos. Cada uno de esos sueños ha cumplido un propósito en mi vida. En ocasiones fue un cambio pequeño y a veces fue algo transformador, pero en cada circunstancia crecí por haber tenido que atravesarla. Amigas, no se trata de la meta o del sueño que tengas. De lo que se trata es de quién *llegas a ser* en tu jornada a esa meta.

Cuando una voz de autoridad te dice que se está tardando demasiado, o que eres demasiado «gorda, vieja, femenina o estás agotada» para ello, o que tu trauma es muy grande... ¿sabes lo que te están dando?

Permiso para darte por vencida.

Ya estás asustada, ya estás dudando de que puedas hacerlo, y cuando alguien o algo se acerca y te dice *justo* lo que ya te estabas cuestionando, entonces piensas: ¡Eso *es exactamente lo que estaba pensando! Me rindo.*

Vuelve a mirar esos sueños que escribiste en tu hoja de papel al inicio de este capítulo. Ahora escúchame:

¡No tienes permiso para darte por vencida!

¡Revoco ese permiso! Anulo el poder que esas personas o circunstancias pronunciaron sobre tu vida, y te lo devuelvo.

¿Crees que no es así de fácil? Seguro que lo es. Todo esto trata de la percepción, ¿cierto? Ahora mismo, tu percepción de lo que te detiene es grande, dañina y aterradora, pero esos obstáculos solo son reales si crees en ellos.

Ahora todo está en tus manos. Todo lo que ocurra de este momento en adelante depende completamente de ti. Esta es la parte difícil y te lo digo ahora mismo: a nadie le importará tu sueño tanto como a ti. A nadie.

¿Me escuchas, hermana?

Ya sea que quieras perder peso, escribir un libro, salir en televisión o viajar el mundo entero en una gira de conferencias, ¡eres la administradora de tus sueños! Quizás desees comprar una casa, obtener tu título universitario o salvar tu matrimonio. Tal vez se trate de una tienda en Etsy, abrir un pequeño negocio u obtener el papel protagónico en la producción local del otoño. Lo que sea, grande o pequeño, sencillo o grandioso... ¡a *nadie* le importará tanto como a ti!

Aunque tengas una familia que te apoye. Aunque tengas a las mejores amigas en el mundo entero. Aunque tu esposo sea el ser humano más alentador e inspirador, y tu admirador número uno... ni aun así ellos lo desearán tanto como tú.

Esto no los mantiene despiertos en la noche. Ni enciende su alma.

Es tu sueño.

Es un deseo especial que tiene tu corazón mucho antes de que fueras consciente de ello. ¿Quieres ver que se haga realidad? Entonces tienes que entender que nadie te lo puede quitar y a fin de cuentas nadie te ayudará a alcanzarlo. En realidad no.

Tú tienes que decidir ir en pos de tus sueños más audaces. No importa lo que sean, ni cuán simples o extravagantes resulten. No importa si les parecen ridículos a otros, o quizás demasiado fáciles... no importa. Son tus sueños, y tienes el permiso de ir tras ellos... no porque seas más especial o más talentosa o tengas las mejores conexiones, sino porque te mereces querer algo más.

Porque te mereces el derecho de que tu pasado no dicte tu futuro.

Comienza hoy. Empieza ahora mismo, justo en este segundo, y prométete —caray, prométeme a *mí*— que alcanzarás las cosas grandes.

¿Quieres las cosas grandes para tu vida?

No las alcanzarás diciendo sí. «Sí» es la parte fácil. Las alcanzarás si no te rindes cuando escuches la palabra *no*.

LAS COSAS QUE ME AYUDARON...

1. *La audacia.* Hay que ser bastante audaz para ignorar lo que otras personas, aun los expertos, te dicen que es lo correcto. Creo que todas podemos usar un poco más de audacia en este asunto. No estoy hablando de que tengas que ser agresiva o irrespetuosa; me refiero a que debes mantener tus ojos en tu meta, independientemente de lo que se interponga en tu camino.

2. *Las rutas alternas.* Me preocupa que cuando doy este consejo alguien que escuche sobre la idea de no renunciar a su sueño entienda: «Ve y hostiga a la gente hasta que te den lo que

quieres». Esto no llevará a nadie a ninguna parte, y todas lo sabemos. Cuando escuches un «no», úsalo como una señal de que debes intentar una ruta alterna.

3. *Mantener mis metas a la vista.* Es fácil enfocarte en tus metas cuando estás entusiasmada o animada sobre un nuevo proyecto, pero ese enfoque se vuelve difícil cuando la vida interfiere con el acceso directo para seguir trabajando en tu meta. Así que coloca tu sueño en algún lugar donde puedas verlo. A mí me encanta poner imágenes detrás de la puerta de mi clóset para recordarme todos los días cuál es mi meta. Ahora mismo encontrarás pegadas en mi puerta: la portada de una revista *Forbes* con un artículo de mujeres CEO que llegaron allí por sus propios esfuerzos, una casa de vacaciones en Hawái... y una foto de Beyoncé, obviamente.

CAPÍTULO 7

La mentira:

SOY MALA EN EL SEXO

Yo solía ser realmente mala en la cama.

¡Un momento!

No habrás pensado que iba a hablar de esto... pero sin duda voy a hacerlo. Voy a hablar de sexo como una mujer casada y cristiana, y espero que no te incomode.

¿Mi esposo? Seguramente está escondido ahora mismo debajo de una piedra, porque el hecho de que yo esté escribiendo sobre esto es, sin duda, su peor pesadilla.

Mi peor pesadilla es que *Bigfoot* [Pie Grande] me persiga, así que supongo que todos tenemos que cargar nuestras cruces, Dave.

Sin embargo, Dave no debería preocuparse. No estoy escribiendo sobre él; estoy escribiendo sobre mí... y mi sexo malo. Decidí hablar sobre este tema enorme, temible y vergonzoso a riesgo de petrificar a mis suegros y causarle un ataque a mi abuela porque pienso que es importante. No creo que las mujeres hablamos lo suficiente sobre este tema.

Ah, por supuesto, el *mundo* habla de esto. Tanto como puede, tan alto como puede, y tan a menudo como puede... pero no de una manera realista. No de una forma que tenga sentido tangible para una clarinetista virgen cuya experiencia con los hombres cuando conoció a su esposo equivalía a su experiencia con la caza mayor en las regiones salvajes de África. Que quiere decir ninguna. Ninguna en absoluto.

Mis primeras oportunidades de recibir educación sexual incluyeron a las damas de mi iglesia (que no hablaban del tema donde pudiera escucharlas) o a los medios de comunicación en general, que me mostraban un ideal que era imposible de alcanzar. Así que cuando me casé *no tenía una idea realista* de qué esperar. ¡Algo supremamente ridículo! Me habría gustado que por lo menos *una vez* antes de casarme alguien me hubiera dicho: «¡Oye! Estas son mis experiencias. Esto es lo que necesitas saber, esto es lo que deberías considerar, y también... ¡las primeras veces que tengas relaciones sexuales debes orinar después para evitar una infección urinaria!».

En algún lugar en Texas una lectora mayor de edad acaba de desmayarse.

Sí, mencioné una infección urinaria. Si esto te pone los pelos de punta, pasa de inmediato al próximo capítulo, hermana, porque se va a poner mucho más íntimo que eso.

Lo único que sabía sobre sexo era lo que había deducido de la televisión o las películas... así que era terrible en este aspecto. Y no terrible en el sentido de torpe (aunque también lo era). Era terrible porque me sentía miserable y además hice miserable a mi esposo. A los cinco años de matrimonio, nuestra vida sexual resultaba casi inexistente. En comparación, este año celebraremos nuestro decimocuarto aniversario... ¡y ahora nuestra vida sexual es una leyenda!

No, de verdad. Tenemos relaciones sexuales más que cualquiera pareja de casados que conozcas... o por lo menos con más frecuencia que la mayoría de los casados con cuatro hijos y dos trabajos a tiempo completo. Tenemos relaciones sexuales no por obligación, sino porque es algo realmente, realmente bueno. Cuando algo es realmente bueno, ¿por qué no hacerlo como un par de monos aulladores siempre que puedas?

Hoy en día, es increíble. Sin embargo, fue un camino *largo* desde allá hasta aquí, y te lo voy a contar todo en caso de que te encuentres en el mismo lugar... y porque no quiero que tengas una infección urinaria. Aquí voy.

Conocí a Dave cuando yo tenía diecinueve años y él tenía veintisiete. Nunca había salido a una cita romántica, y él no sabía que la diferencia de edad entre nosotros era tan grande. Como ya te conté, cuando la verdad salió a relucir un par de meses después, esta cayó como un gato obeso por encima de la cerca. Fue una caída sin gracia y violenta, pero aun así aterrizamos sobre nuestros pies.

Dave ha sido mi mejor amigo desde aquel primer año. Es mi ser humano favorito en el planeta y lo amo tanto que provoca que mi corazón quiera reventar. Cuando nos casamos, tuvimos la vida más feliz que hubiera podido soñar. ¿Y en cuanto al sexo? Lo hicimos como los conejos. Lo hicimos como los conejos porque así se supone que lo hagan los recién casados, ¿cierto?

¿Cuántas veces podíamos hacerlo en un día?

¿Cuántas veces en una hora?

Lo hubiera hecho en la lluvia, en la oscuridad, en un tren, en un auto, en un árbol...

¿Entiendes lo que quiero decir? Lo hacíamos frecuentemente. Y me encantaba.

Me encantaba porque estar físicamente cerca de él me hacía sentir valorada y adorada. Me encantaba porque lo hacía sentir muy feliz. Nos hacía felices a ambos. Éramos unos recién casados, estábamos haciendo el amor y la vida era buena.

No obstante, después del primer par de años, la novedad se disipó y también se disipó la alegría de la etapa de la luna de miel. Al principio, fui audaz gracias a mi entusiasmo. Sin embargo, según fue pasando el tiempo, comencé a sentirme menos cómoda, como si hubieran pulsado un interruptor. Me criaron para que fuera esta buena niña cristiana. Ahora se suponía que fuera una gatita sexual, pero no tenía idea de cómo serlo.

Así que comencé a beber.

Salíamos en una cita y me tomaba la cantidad de vino suficiente para sentirme sexy. Luego trataba de hacer cosas sexys o actuaba de una manera sexy, pero rara vez lo disfrutaba tanto como él. ¿Fingía que lo disfrutaba? ¡Por supuesto! Tenía que hacerlo, ¿cierto? Pero entonces comencé a resentirme por el hecho de que no lo disfrutara; me contrariaba la idea de que debía hacer el amor aun cuando no me entusiasmara hacerlo.

Y entonces tuve un bebé, y mi cuerpo se transformó, mi estómago se estiró, y mis pechos goteaban y estaba extenuada. El sexo era básicamente lo menos placentero que podía imaginar. No obstante, seguí haciéndolo y continué fingiendo que disfrutaba cada segundo. Ni una sola vez le dije a Dave cómo me sentía... estaba demasiado avergonzada e insegura. También me preocupaba lastimar sus sentimientos, así que me mantuve callada. Pasó más tiempo, y nuestra vida sexual pendía de un hilo. Para cuando nuestro segundo hijo tenía unos dos años, ya casi no teníamos relaciones sexuales... y cuando salí de la neblina de ser mamá de dos hijos y pensé lo suficiente para preguntarle a Dave sobre el asunto, la respuesta fue difícil de escuchar.

—¿Por qué ya no hacemos el amor? —le pregunté una noche.

Me miró como si la pregunta hubiera herido sus sentimientos.

—Me cansé de que me rechazaras.

Me puse inmediatamente a la defensiva.

—Yo no te rechazo. Siempre te digo que sí.

—Tal vez estés de acuerdo, Rachel, pero en realidad no quieres hacerlo, y eso es peor que no hacerlo.

Inicialmente, me molesté bastante. Aquí estaba yo, sacrificándome por el equipo, y él se sentía herido porque no era más entusiasta. Sin embargo, mientras más pensaba en ello, más entendía que tenía toda la razón. Tal vez estaba accediendo al acto sexual, pero me mostraba rígida e incómoda, cansada y poco entusiasmada. Estar de acuerdo no significaba que lo estuviera recibiendo con los brazos abiertos. Mi esposo se daba cuenta de que no lo estaba disfrutando, así que en lugar de pedirme que participara sin ganas, simplemente había dejado de pedírmelo. ¡Qué mala cosa!

Dicen que el primer paso para arreglar algo es reconocer que tienes un problema.

Ahora bien, sé que muchas mujeres están muy sintonizadas con su mística femenina. Dominan al dedillo este asunto del sexo y alcanzan orgasmos cien veces a la semana. Me alegro por ti, hermana. ¡En serio, eres mi heroína! Y los siguientes consejos tal vez no sean para ti. Lo que tengo que decir tal vez a ti te sonará trillado y básico, y quizás hasta ingenuo. Y no hay problema, porque estas son las cosas que a mí me funcionaron, y las comparto en caso de que sean útiles para alguien que se parezca a mí (o a quien yo solía ser).

He aquí los pasos que di para pasar de ser mala en la relación sexual a ser excepcional. Hay siete... uno para cada día de la semana.

LAS COSAS QUE ME AYUDARON...

1. *Redefiní el sexo en mi mente.* Durante muchísimo tiempo, la relación sexual había simbolizado muchas cosas, y no todas ellas eran positivas. Decidí cambiar lo que pensaba sobre el mismo... Tal vez esto no sea lo que el sexo representa para ti, tus amigas, o el Espíritu Santo y todos los santos; pero a partir de aquel momento decidí que la relación sexual sería una experiencia divertida y que *siempre* sería más emocionante que cualquier otra cosa que pudiera estar haciendo. Hasta aquel momento había estado contraponiendo el sexo a otras cosas (leer un libro, mirar la tele, etc.), y estaba jugando un papel secundario. No obstante, si me recordaba que hacer el amor era siempre una oportunidad fabulosa, entonces probablemente querría escogerla.

2. *Descubrí cómo el sexo podía ser una experiencia trascendental.* Cuando estás incómoda, no te consideras sexy, te sientes nerviosa o tímida, o lo que sea, no vas a disfrutar lo que haces. Si no estás disfrutando lo que haces, no estás teniendo un buen sexo. Así que me pregunté: ¿Cómo puedo disfrutar esto más? ¿Qué me está deteniendo? ¿La respuesta? Yo. Después conversé con Dave sobre todo lo que estaba pensando y sintiendo. Me sorprendió que luego de tantos años juntos, todavía pudiera sentirme avergonzada, pero seguí adelante. Teníamos que estar de acuerdo y la única manera de hacerlo era siendo sincera y hablándole sobre esto.

3. *Leí Hebreos 13.*4. Parte de mis complejos se relacionaban con mi incapacidad de reconciliar la idea de ser una buena niña cristiana y convertirme en un fenómeno entre las sábanas. Y entonces leí Hebreos 13.4: «Tengan todos en alta estima el

matrimonio y la fidelidad conyugal». Ahora bien, de verdad, estoy segura de que no estoy leyendo esto bien. Sin duda alguien que estudió teología me dirá que esto realmente significa algo distinto. No obstante, lo que leí, o lo que entiendo cuando leo ese versículo, es que lo que ocurre en mi cama con mi esposo no puede ser raro ni malo o incorrecto. Permíteme reconfirmar y decir que definitivamente hay cosas que una pareja monógama y comprometida puede hacer sexualmente que podrían ser en extremo perjudiciales para ambos. La pornografía, por ejemplo, es muy dañina tanto para quien la consume como para las personas a las que usan para satisfacer tu lujuria. ¿Pero qué tal todo lo demás? La ropa interior provocativa, el cuero, los juguetes, los juegos de roles, intentar cualquier posición posible, hacerlo en la mesa de la cocina, las palabras sexuales, *lo que sea*... si te excita y no te lastima, ¡entonces hazlo!

4. *Acepté mi cuerpo.* Tener una opinión pobre de tu cuerpo es muy perjudicial para poder disfrutar del sexo. Yo solía preocuparme por si mi estómago estaba o no lo suficiente firme, o si mi trasero lucía bien en tal o cual ropa interior. ¿Sabes en lo que estaba pensando Dave cuando me quitaba la ropa? ¡Pechos! Tu cónyuge está sencillamente feliz de que estés ahí y todas esas cosas que estás cuestionándote no ayudan a nadie. Comencé a repetirme una y otra vez lo bien que lucía mi trasero o lo sexy que era. Lo hice tanto que, en cierto punto, comencé a creérmelo.

5. *Me comprometí a alcanzar mi orgasmo.* Bien, solo escribir esa oración hace que me sonroje. Me estoy imaginando una futura firma de libros donde alguna lectora se acerque a mi mesa y me diga: «Entonces... te comprometiste a alcanzar tu orgasmo». No obstante, esto es importante, y aunque me

avergüence, quiero que lo sepas. En los viejos tiempos, un orgasmo para mí era como el glaseado del pastel. Pero chicas, este es el asunto: *los orgasmos no son el glaseado del pastel.* ¡Los orgasmos *son* el pastel! ¡Un *segundo orgasmo* es el glaseado del pastel! ¿Recuerdas que te dije que tenía que descubrir cómo hacer del sexo lo mejor del mundo? ¿Recuerdas que te dije que quería desearlo más que ninguna otra cosa en la vida? ¿Sabes cómo lo logras? ¡Con orgasmos! Hace años decidí que nunca más, *y quiero decir nunca,* voy a tener sexo si no incluye un orgasmo para mí. Cuando le conté el plan a Dave, él convino en que era la mejor idea que jamás se me hubiera ocurrido. Porque este es el asunto: en lo que respecta a la mayoría de nosotras, a nuestras parejas les encanta satisfacernos; y si ambos estamos comprometidos a alcanzar mi orgasmo desde el principio, ocurrirá.

6. **Tuve que descubrir qué me excitaba.** Oh, seguro, me han excitado muchas veces en mi vida, pero nunca había pensado verdaderamente en la diferencia entre qué lo provocó o si había sido solo circunstancial. Descubrir qué me excita fue clave, porque recuerda que mis orgasmos ahora eran mi nuevo objetivo, y no sé cómo alcanzar uno sin sentirme excitada. Así que experimentamos hasta que llegué a conocer mi cuerpo mejor. (Siéntete en libertad de regresar al párrafo del versículo sobre *la fidelidad conyugal* para una lista de ideas).

7. **Decidimos que haríamos el amor todos los días durante un mes.** Hace años, al principio de los cambios en nuestra vida sexual, Dave y yo comenzamos algo que llamamos «Sexy septiembre». Prometimos que tendríamos relaciones sexuales todos los días durante el mes de septiembre... *sin excusas.* Fue bastante intimidante al principio, en especial con dos trabajos

a tiempo completo y dos hijos pequeños. ¡Pero el resultado fue fantástico! Me dio la oportunidad de experimentar y tratar cosas nuevas sin ninguna presión. Además, sorprendentemente, tener más sexo me hizo desear... tener aún más. ¡Te recomiendo muchísimo que escojas tu propio mes y empieces!

La mentira:

NO SÉ CÓMO SER UNA BUENA MAMÁ

Soy la peor mujer embarazada que jamás hayas conocido en tu vida. Y lo digo en serio. En esencia, detesto todo sobre el embarazo, excepto el bebé que te entregan al final.

Tengo amigas a las que les encanta estar embarazadas. Y me refiero a que lo A-M-A-N, al punto de que desearían tener cien bebés y estar embarazadas eternamente. Apoyo por completo el llamado que les hace la madre naturaleza y su alegría evidente de ser vasijas de la humanidad.

Sin embargo, no comparto el sentimiento.

Estoy agradecida por mis embarazos... inmensamente agradecida desde lo más profundo de mi corazón porque Dios me haya bendecido con la capacidad de llevar a término a tres hermosos niñitos. No doy esto por sentado cuando sé que muchas mujeres que oran por la misma bendición no la han recibido.

No obstante, todos los aspectos del embarazo son difíciles para mí.

La náusea matutina *nunca* desapareció después de la mañana, ni tampoco terminó luego del primer trimestre. Subí de peso durante mis embarazos como si esto fuera un empleo a tiempo parcial, y después me sentía incapaz de perderlo. Me dolía la espalda, me dolían los pies, y durante mi primer embarazo me salió una vena varicosa en el *lugar más terrible* en el que puede salirle una vena varicosa a un ser humano. El resultado fue que tuve que usar una ropa interior especial para «soportar el peso» en mis otros embarazos. Nota al margen: Si alguna vez sientes curiosidad sobre la manera más fácil de aplastar el espíritu de una chica, te recomiendo que busques «*panties* para soporte de la ingle» en la Internet.

Pero me estoy desviando del tema.

Lo que quiero decir es que el embarazo no me sienta bien. Y encima de todo lo que he mencionado, también enfrentaba un miedo implacable.

¿Qué pasaría si comía mortadela y contraía listeria?

¿Qué pasaría si mi feto del tamaño de un arándano había desarrollado alguna enfermedad rara desde mi último ultrasonido?

¿Qué pasaría si las tiritas de pollo que me estaba comiendo le aumentaban el colesterol al bebé?

¿Qué pasaría si se le enredaba el cordón umbilical en el cuello?

¿Qué pasaría si cuando pinté el cuarto del bebé no estaba suficientemente ventilado?

¿Qué pasaría si no se resolvía la condición de placenta previa?

¿Y si aquel Red Bull con vodka que me tomé cuando llevaba dos semanas de embarazo (aunque todavía no lo sabía) le había hecho daño al bebé?

Pensándolo en serio... ¿Y si el cordón umbilical se le enredaba en el cuello?

Las preocupaciones eran agobiantes y las manejé con la dignidad de un perro viejo; o sea, le ladraba a cualquiera que se me acercaba demasiado y necesitaba un taburete especial para subirme o bajarme de la cama.

Cuando ocurrió el bendecido suceso, estaba extasiada. Primero, porque finalmente conoceríamos a Jackson Cage, un niño con el que habíamos soñado y al que le habíamos puesto nombre hacía muchos años durante un viaje por carretera a través de todo el país. Además, finalmente recuperaría mi cuerpo. Estaba eufórica porque había sobrevivido el parto, algo que honestamente pensaba que sería lo más difícil de la maternidad.

Sin embargo, ya en casa, con Jackson en toda su perfecta gloria, no estaba preparada para lo incompetente que me sentiría como una nueva mamá. Lo amaba obsesivamente, y también me aterraba. Todos los temores que sentía cuando estaba en mi vientre de repente se multiplicaron por cien mil. Casi no dormía por la noche, pues estaba segura de que dejaría de respirar si no estaba allí para verlo cuando lo hacía. La lactancia era difícil y dolorosa, y nunca produje suficiente leche materna para alimentar al enorme bebé que Dave y yo habíamos procreado. Tuvimos que utilizar fórmula para bebé como suplemento, tuvimos que aprender a tratar con su reflujo, a las siete semanas de nacido manejamos en medio de la noche a la sala de urgencias porque tenía una fiebre alta... todo esto mientras lidiaba con una falta de sueño que me estaba chupando el alma. Mi esposo ha sido mi mejor amigo y mi ser humano favorito en todo el mundo, pero recuerdo una vez, cuando Jackson tenía como un mes y medio, que miré a Dave y sinceramente pensé que lo *odiaba*. Que lo *odiaba* con cada fibra de mi ser.

Me gusta contarles a las parejas jóvenes sobre el tiempo en que odié a Dave. Me gusta contarles porque quiero que entiendan que es un sentimiento completamente normal y es probable que se encuentren ahí de vez en cuando. Jackson tenía seis semanas —y a propósito, querida amiga, esta es la semana cuando se puede producir ese odio puro— y todavía se despertaba por la noche.

Es importante enfatizar la palabra *todavía*, ya que pienso que mi versión joven, ignorante y sin hijos pensaba que, al final del primer mes, iríamos en neutro y deslizándonos sin pedalear hasta el éxtasis de la paternidad.

¡Dios bendiga a mi queridísimo e ingenuo corazón!

Convertirse en nuevos padres es un engaño. Las primeras dos semanas estás en una euforia profunda y, sí, es difícil, pero la gente te trae comida y tu madre está cerca para ayudarte, y tienes a este pequeño querubín al que amas tanto que quisieras morderle los cachetes. Y entonces pasan otras dos o tres semanas y te ajustas a una rutina de zombi. Tus pechos comienzan a gotear a través de tu ropa y no te has bañado en una semana. Además, tu pelo es literalmente lo más terrible que jamás hayas visto, pero qué importa. *Estás sobreviviendo.*

Sin embargo, para la sexta semana, las ruedas comienzan a caerse.

Estás pensando: ¿Por qué me siento tan extenuada?

¿Por qué todavía me veo como si estuviera en mi quinto mes de embarazo?

¿Por qué me paso todo el tiempo lactando?

¿Y qué *tunante inventó los periodos de alimentación frecuentes? ¡Porque voy a darle un puño en su estúpida cara!*

En la sexta semana, me sentía un poco *frustrada* con todo lo que estaba haciendo para cuidar a nuestro bebé. En otras palabras, no sentía que Dave me estuviera ayudando lo suficiente y la responsabilidad de lidiar sola con casi todo era abrumadora. Sin embargo, no le dije nada. Simplemente me lo tragué y lo oculté muy adentro, donde no molestara nunca a nadie. Todo el mundo sabe que esa es la mejor manera de lidiar con los problemas, ¿cierto? Entonces, un día, estábamos hablando de algo y una frase con el impacto de Chernóbil salió de su boca.

«Estoy cansado».

Eso fue lo que dijo.

Esas fueron las palabras.

Mi mundo se desplazó sobre su eje y mis ojos se abrieron ocho veces más grandes que su tamaño normal, pero Dave no lo notó. Estaba demasiado ocupado hablando: «Estoy tan extenuado por lo temprano que me levanté esta mañana, bla, bla, bla, más palabras malintencionadas».

¿Has visto el programa *Snapped* en la televisión?

Es una serie tipo documental sobre crímenes de la vida real donde las mujeres simplemente pierden los estribos y tratan de deshacerse de alguien en el proceso.

Esa era yo.

Me convertí en Sybil y todas sus personalidades. Estaba llorando, riéndome y tratando de descifrar quién criaría a este bebé si estrangulaba a Dave con el tubo plástico de mi extractor de leche materna. Para citar una de las expresiones más famosas en todo nuestro matrimonio, le grité llorando: «¡En el día de mi boda jamás pensé que podría odiarte tanto como te odio ahora mismo!».

No fue mi mejor momento. Sin embargo, afortunadamente para mí, Dave y el resto de los seres humanos de este planeta, las relaciones están llenas de oportunidades para alcanzar la gracia.

Aun cuando el bebé comenzó a dormir más (y *nosotros* comenzamos a dormir), yo era un desastre. Amaba a Jackson, pero no sentía que realmente hubiera establecido un vínculo con él. Estaba tan aterrada ante la posibilidad de hacer algo mal que no me daba una oportunidad de relajarme. Estaba tan enfocada en las tareas de la casa y en que su overol se mantuviera impecable que simplemente nunca disfrutaba de mi tiempo como nueva mamá. Creo que, debido a que me preocupaba tanto fallarle, terminé fallándome a mí misma.

Al estar tan preocupada por la manera en que todos debíamos *lucir* como familia, no me tomaba el tiempo de sentirme vinculada a ellos. Continué en esta misma línea con mi segundo hijo, Sawyer, así que cuando me convertí en una madre de dos hijos, sufrí un caso grave de depresión postparto. Me pasaba casi todos los días imaginándome cómo sería huir de mi casa. Me sentaba en mi sala, amamantaba a mi hijo de una semana de nacido, mientras el de veinte meses corría por una sala llena de juguetes tirados por todas partes y de pañales sucios que todavía no había botado. Mientras tanto, pensaba: *Debería simplemente manejar y no regresar nunca. Aquí todo el mundo estaría mejor sin mí.*

Como sentía que no realizaba un buen trabajo como mamá —lo único que innatamente debía saber cómo hacer— estaba segura de que era un fracaso. Al mirar en retrospectiva, puedo reconocer que mi percepción de este rol se basaba en las imágenes que veía en la Internet y las revistas; pero en aquel momento estaba durmiendo tan poco que no entendía que perseguía un imposible. Había pasado tanto tiempo preocupándome por vivir un estándar digno de Pinterest, que dejé de pensar en quién yo era realmente. ¡Oh, aquellos fueron días oscuros! Cuando miro fotos de esa época, tal vez mi pelo haya estado peinado y quizás hasta tenga algo de lápiz labial... pero mis ojos lucen turbados.

Por lo tanto, este capítulo es para las nuevas mamás o las que pronto serán mamás. ¡Escúchame! No necesitas tener todo resuelto. La mecánica de mantener vivo a un recién nacido es muy sencilla. Aliméntalo, acurrúcalo, ámalo, cámbialo cuando esté mojado, mantenlo calientito, acurrúcalo otra vez.

La lista diaria de metas de una nueva mamá debe reducirse a esto:

1. Cuida del bebé.
2. Cuida de ti misma.

Punto.

Se acabó.

¡Vaya! ¿No pudiste lavar la ropa sucia hoy? Repasa tu lista otra vez. ¿Cuidaste del bebé? Sí. ¿Cuidaste de ti misma? También sí. ¡Ah, entonces me parece que estás teniendo éxito con este asunto de ser una nueva mamá! Me parece que la ropa sucia puede esperar.

¿Cómo dices? ¿Que estás triste porque no has perdido el peso que ganaste durante el embarazo? Dale un vistazo a tu estupenda lista de cosas por hacer, en la cual solo tienes dos tareas. ¿El bebé todavía está vivo? Fantástico. ¿Y tú qué? ¿Aún estás inhalando y exhalando? En ese caso, parece que eres la mejor mamá del mundo. ¡Sigue adelante!

Pinterest es impresionante, y decorar el cuarto del bebé con colores que coordinan perfectamente es la mitad de la diversión de tener un hijo. ¿Instagram? ¡Ni me digas! Todavía miro a todas esas seguidoras embarazadas en Instagram a fin de aprender trucos de vestimenta apropiados para esas adorables barriguitas, ¡y ni siquiera estoy embarazada! Tiene sentido observar más allá de nosotras mismas cuando no estamos seguras sobre algo nuevo, y raras veces estamos más inseguras como cuando estamos estrenando la maternidad. No obstante, permíteme decirte esto... porque no lo entendí hasta muchos años después...

El Dios que creó la luna y las estrellas y las montañas y los océanos, el Creador que hizo todas esas cosas, creyó que *tú* y tu bebé estaban destinados a ser una pareja. Esto no quiere decir que el ajuste será perfecto. No significa que no cometerás errores. Lo que quiere decir es que no tienes que temerle al fracaso, porque *no puedes fallar en un trabajo para el cual fuiste creada.*

En algún sitio, alguna lectora cínica está pensando en todos los padres que *sí* han fracasado. Hay muchísimas mamás que toman malas decisiones y se hacen daño a ellas mismas o a sus hijos. Como una anterior madre sustituta, sé de primera mano que ahora mismo hay bebés que sufren de maltrato y negligencia, y aunque un plan divino los haya traído a sus mamás, tal vez no sea la mejor respuesta para ellos permanecer juntos.

Sin embargo, no estoy hablando de esas mamás. Te estoy hablando a ti. No te sientas abrumada ni ansiosa porque tu bebé debería estar en una rutina de sueño, o comiendo alimentos orgánicos, o ya debería sentarse. Le estoy hablando a la persona que está leyendo todos los libros y todos los artículos, y se siente abrumada acerca de lo que es correcto cuando existen tantos posibles incorrectos. El mero hecho de estar tan preocupada, mi dulce amiga, significa que estás involucrada, enfocada y comprometida con hacer lo mejor posible. Eso te convierte en la mejor clase de mamá. Lo demás se irá resolviendo poco a poco.

LAS COSAS QUE ME AYUDARON...

1. *Encontré una tribu.* Únete a un grupo en la iglesia, participa de una clase para mamá y bebé, o busca un club en línea al que puedas integrarte. Encuentra a un grupo de mujeres que entienda lo que significa ser una nueva mamá.

2. **Me mantuve alejada de Pinterest.** Por amor a todo lo sagrado, después de un evento de vida importante, no le deberían permitir a nadie que vea Pinterest. ¿Por qué? Porque sientes como si estuvieras perdiéndote de algo, o que tu vida, el cuarto del bebé o tu cuerpo después del parto deben verse como lo que encuentras en la Internet. Presta atención a lo que te está dando ansiedad o lo que está provocando que te cuestiones. Y si son las redes sociales, entonces hazle un favor a tu corazón y tómate un receso de ellas. Te prometo que estarán allí cuando puedas dormir más y te sientas mejor emocionalmente.

3. **Salí de la casa.** Todos. Los. Días. Lo mejor que puedes hacer por ti misma, tu cordura y tu bebé es alejarte de la escena del crimen. Aléjate del lugar con los trastes sin fregar y el recipiente de pañales sucios lleno a capacidad. Coloca a tu bebé en un cargador o un cochecito y sal a caminar por el vecindario. Ponte los audífonos y escucha a Beyoncé, a Adele o un podcast sobre la ética en los negocios. Haz lo que tengas que hacer para recordarte que existe una vida fuera de tu nido y aún eres parte de ella.

4. **Hablé con alguien sobre mis sentimientos.** Una manera eficaz de sobreponernos a las mentiras es contándoselas a alguien. Ya sea con tu esposo, tu amiga o un familiar de confianza, hablar sobre lo que te está costando trabajo puede proveerte el apoyo que necesitas para ver todas las falsedades presentes en tu vida.

CAPÍTULO 9

La mentira:

NO SOY UNA BUENA MAMÁ

Si vamos a hablar sobre el trabajo que me costó ser una nueva mamá, entonces también tenemos que hablar sobre lo difícil que se me ha hecho ser mamá en general. Descifrar lo que es ser mamá mientras estás lidiando con un recién nacido es terrible... pero ¿qué viene después?

Lo que sigue es una sacudida mental y emocional de proporciones épicas.

Cuando mi hijo mayor tenía siete años, me aplastó el alma mientras comía Cheerios.

—¿Sabes lo que necesitas, mami? —me preguntó una mañana mientras le servía su cereal en un plato que tenía la forma de un perro bulldog.

Cuando un hijo comienza con una pregunta como esa, la conversación puede tomar cualquier dirección imaginable. Tal vez necesitaba una capa de superhéroe, o una espátula nueva, o pelo rosado. Su razonamiento podía dirigirse a cualquier sitio.

—¿Qué? —le pregunté—. ¿Qué necesito?

—Necesitas uno de esos collares con nuestras iniciales. Ya sabes, esos que tienen las letras del nombre de cada hijo.

En aquel momento, los collares de dijes con monogramas estaban muy de moda.

—Sí, sé de qué collares estás hablando.

—Deberías comprarte uno de esos. Todas las mamás en mi escuela los tienen —me dijo mientras masticaba su cereal—. Necesitas comprarte uno.

—Está bien… —contesté un poco confundida—. ¿Por qué necesito comprarme uno?

—Para que finalmente seas como todas las otras mamás.

Finalmente.

Como todas las otras mamás.

Unas cuantas palabras no deberían aplastarte; no se supone que te lleven a cuestionar todo tu rol como madre. No obstante, cuando ya estás cuestionándote y entonces alguien —no solo tu hijo, sino cualquiera— trae a colación justo el asunto que te preocupa, no se necesita mucho para lanzarte al vacío.

No me preocupaba lo que mis prendas —o la falta de ellas— dijeran sobre mí como mamá, pero sí estaba claramente consciente de lo distinta que era a las otras mamás en las actividades escolares de Jackson. Solo no me había percatado de que él también lo había notado.

Estuve luchando con su comentario por días… Su sugerencia de que fuera *como todas las otras mamás* significaba que él reconocía que yo no era como ellas. Significaba que me veía como alguien diferente… y cuando eres pequeño lo único que de verdad deseas es simplemente ser como todo el mundo.

Lo que Jackson notó es que no era como las otras mamás, porque yo trabajaba... muchísimo. Muy pocas veces lo llevaba a la escuela o lo buscaba. Por eso, hice el esfuerzo especial de ser voluntaria en su clase cada dos semanas. No obstante, eso tampoco estaba bien, porque aunque me sentaba en la sillita y cortaba papeles y guardaba las tareas en los cartapacios como las otras voluntarias, no lo hacía vistiendo vaqueros ni pantalones de yoga. Lo hacía con zapatos de tacón y una chaqueta blanca que debí haber pensado mejor antes de ponérmela el día en que estaban haciendo tipis con plastilina color marrón. (Otra mamá se aseguró de explicármelo). Iba vestida así porque justo después de la sesión en la escuela tenía una reunión. Como para la mayoría de las mamás que trabajan fuera, mi vida es un acto de malabarismo constante.

A veces luce como un ballet perfectamente coreografiado, donde puedo moverme de un lado a otro entre las actividades de los chicos y las del trabajo. Otros días se parece más a una sala de emergencias, donde hago todo lo posible para seguir el ritmo de lo que se presenta a mi alrededor, y aun así veo como se me escapan entre los dedos prioridades antes de incluso llegar a ellas.

En aquel tiempo, tenía la esperanza de que si participaba en proyectos adicionales con mis niños sería beneficioso. Así que abrumaba una agenda ya sobrecargada aceptando la planificación de una actividad con el objetivo de recaudar fondos para su clase, o formar parte de la junta preescolar, o tomar una tarde libre a fin de ayudar con la práctica de fútbol. Pensaba que el esfuerzo adicional me ganaría puntos con mis chicos, pero no fue así. Mis hijos eran pequeños y su memoria se extendía solo hasta el día de ayer. Aun en la actualidad a ellos no les importa si tengo un viaje de negocios, si la fecha para entregar mi libro está a la vuelta de la esquina, o si tengo empleados en mi oficina que necesitan que haga mi trabajo. A mis hijos les importa que las mamás de sus amigos los acompañaron en la gira al museo y yo no fui porque estaba volando a Chicago por asuntos de trabajo.

Tener hijos en la escuela resulta estresante para mí. Mis tres pequeñines tienen programas totalmente distintos de los cuales tengo que mantenerme al tanto, y mi bebita tiene su propia agenda. Y no hablemos del papeleo: tanto del que se acumula en montones enormes durante las primeras semanas, como de las hojas de permiso y los formularios de registro que encuentro escondidos en sus mochilas durante todo el año. Y también están los almuerzos que llevan a la escuela. Soy bastante disciplinada y uso un sistema para mantener sus almuerzos organizados, pero ahora que los chicos son mayores, quieren comer los almuerzos de la escuela... pero solo unos días específicos. Por lo tanto, seguir el calendario de la cafetería es un trabajo a tiempo parcial, igual que asegurarme de que tienen suficiente dinero en su cuenta para el pollo teriyaki este jueves. Hay giras y presentaciones. Hay ventas y carnavales. Hay días de llevarlos a la escuela y días de recogerlos, y están los días en que salen una hora más temprano, y si Jackson (¡Dios lo bendiga!) no me los recordara, posiblemente se me olvidarían todos. Tengo que recordar muchas cosas, y supongo que lo que más me estresa es la idea de que otras mamás —en la escuela o allá afuera en el mundo entero— sean de alguna manera mejores que yo en lo que respecta a seguirle la pista a todo esto.

Soy una de las personas más organizadas que jamás hayas conocido, y a pesar de toda mi planificación se me olvidan las cosas a menudo... o me acuerdo de ellas a la medianoche del día en que vencen. Y no importa lo que haga o diseñe, o para lo que me ofrezca como voluntaria, «otra mamá» fantástica en la escuela lo ha hecho mejor.

«Sí, mami, puedes *comprar* la camiseta que necesitamos para el día de "crea tu propia camiseta", pero la mamá de Liam sembró plantas de algodón orgánico. Luego separó a mano las semillas de la fibra antes de hilarlas, convertirlas en hilo y tela y coserlas ella misma».

Ni siquiera sé por dónde empezar, y el estrés de intentarlo puede volverme loca.

Así que este año tomé una decisión importante.

Ya no me importa. Ya no me interesa para nada la idea de un regreso a la escuela «perfecto»... ¡de hecho, ningún otro aspecto de la escuela! En este asunto, hago algunas cosas bien. Nuestra rutina en las mañanas tal vez sea un caos bien coreografiado, pero nunca llegamos tarde a la escuela. Mis hijos (excepto el que tiene cuatro años) están bien arreglados y tienen buenos modales, y sacan buenas notas. A parte de eso, son buenas personas, del tipo de niños que son amigos de los marginados y los solitarios. Seguro, en la casa se atacan entre ellos y son lo suficiente dramáticos sobre su falta de acceso a la tecnología como para ganarse un Óscar, pero no importa. Lo estamos haciendo bastante bien... y bastante bien es mucho mejor que tratar de alcanzar una perfección falsa cualquier día de la semana.

Por lo tanto, es posible que este año no haga trabajo voluntario en el salón de clases, pero cuenta conmigo para contribuir a las fiestas escolares con artículos que pueda comprar en una tienda. Y tal vez no llegue a todas las excursiones, porque aunque esto signifique que soy la más imbécil de todas las imbéciles, detesto ser chaperona de excursiones. Además —ajústate el cinturón— es muy probable que una niñera recoja a mis hijos en la escuela más veces que yo. Me gustaría que nuestra ciudad extendiera más gracia para esto... ¿quizás el mismo nivel de gracia que extiende a los padres que trabajan fuera que tampoco pueden recoger a sus hijos?

Mamá, debes criar a tus hijos de la manera que mejor funcione para tu familia y pasar menos tiempo preocupándote por la forma en que otras personas perciben que lo estás haciendo. ¿Podemos dejar de ser tan duras con nosotras mismas y en lugar de eso enfocarnos en el buen trabajo que estamos haciendo y cómo los resultados son evidentes en las maravillosas personitas que estamos criando?

¿Qué tal si todas comenzáramos el próximo año escolar con la sencilla intención de simplemente hacer lo mejor posible? Es decir, intentemos al máximo devolver todas los formularios a tiempo y recordar todos los «Miércoles de Peinados Extravagantes», pero también entendamos que inevitablemente olvidaremos algo, que estaremos demasiado ocupadas para ser voluntarias, o que no podremos competir con la mamá de Liam y sus casas de jengibre personalizadas y sin organismos modificados genéticamente (OMG) para cada estudiante en el salón. ¿Es posible convenir en que está bien ser imperfectas? La mamá de Liam resulta maravillosa en lo de ella... ¿pero tú y yo? Nosotras somos maravillosas en lo nuestro. Podemos comenzar el año escolar y recordar que estamos criando a nuestros hijos para que lleguen a ser adultos de bien. Nuestro valiente empeño nos tomará toda una vida de esfuerzos. Un solo día o quizás unos pocos días, cuando no seas la mamá del siglo, no crearán ni destruirán a tus hijos. La intención es hacerlo bien hasta verlos llegar a puerto seguro. Son las lecciones sobre la gracia, el cuidado de sí mismos y las expectativas realistas las que les enseñan de lo que eres capaz, y las que realmente les servirán en el futuro. Escoge un puñado de cosas en las que seas buena como mamá de la escuela, y luego saca la pelota del parque haciéndolas siempre que puedas. ¿En lo demás? Date el permiso de hacer lo mejor posible y la gracia para sentir paz cuando no des la talla.

Las actitudes de mis hijos cambiarán y se desarrollarán con el tiempo. Creo que justo lo que ahora me hace tan distinta —la compañía que dirijo— es una de las cosas que me harán genial cuando sean más grandes. Estoy creando algo de lo que se sentirán orgullosos. Espero estar demostrándoles el poder de perseguir sus sueños y el valor de un espíritu emprendedor. Deseo muchísimas cosas para el futuro... pero con frecuencia eso no me ayuda con el hoy.

Hoy estoy de nuevo en otro viaje de negocios, mi tercero en la misma cantidad de semanas. Hoy Jackson se siente nervioso porque está ensayando sus líneas para la audición del musical de su clase, y es difícil aceptarlo porque soy buena en teatro musical, pero no estoy allí para ayudarlo. Hoy Ford tiene tos y fiebre, y no quiere estar lejos de nosotros y ha estado peleando a la hora de dormir. Sin embargo, no estaré allí para ayudar a Dave esta noche cuando, alrededor de las ocho en punto, Ford decida que se supone que debe quedarse despierto toda la noche como si fuera el promotor de un club en los ochenta.

Siempre hay algo.

Hay algo que puede abrumarme y hacerme cuestionar si estoy o no llevando a cabo de la forma correcta todo esto. Aquella ansiedad que sentí cuando eran recién nacidos realmente no desapareció. Se manifestó y creció como la levadura. La única diferencia entre entonces y ahora es que soy más capaz de ver esa anécdota como la mentira que es. Ser una mamá perfecta es un mito... pero ser una mamá extraordinaria, casi todo el tiempo, es realmente posible. No creo en una mejor manera de criar. De hecho, creo que podría ser bastante dañino para nuestros hijos si tratáramos de imponer los ideales de otra persona en cuanto a la forma en que nuestra familia debería funcionar.

Los muchachos Hollis son sarcásticos. Se parecen a sus padres. Dave y yo pensamos que es graciosísimo, y admiramos su ingenio. No obstante, en tu casa, su sarcasmo tal vez se vea como irrespetuoso. De igual manera, soy increíblemente estricta con los buenos modales. Quiero los *sí, señor* y los *no, señora*. Exijo los *por favor* y las *gracias*, y si alguien dice algo inapropiado o grosero en mi mesa, le pediré que se vaya. Pero tal vez en tu casa esto parezca una exageración. Quizás en tu mesa eructas el abecedario después de cada comida y después se ríen juntos como desquiciados. Si es así, fantástico. Mamá, no existe solo una forma de ser madre.

Tampoco existe solo una manera de ser una familia. ¿Recuerdas cuando les hablé a las nuevas mamás sobre los requisitos diarios: mantén vivo al bebé y también mantente viva tú? Bueno, es posible que la lista para los niños mayores se extienda un poco, pero la intención sigue siendo la misma. Necesitas preocuparte —realmente preocuparte— por criar a tus bebés para que sean buenas personas cuando crezcan. Necesitas trabajar *hoy* para asegurarte de que eso ocurra. Algunos días vas a sacar la pelota del parque, y en otros, vas a gritar hasta que se caiga la casa y te cuestionarás si alguien cambió a tus hijos por estos que tienen modales terribles y son irrespetuosos.

¡Buenas noticias! Mañana es un nuevo día. Mañana contarás hasta diez antes de perder los estribos, y quizás se comerán hasta el último bocado de la cena que preparaste y dirán algo tan gracioso que hasta pienses: ¡En verdad que la gente sin hijos no sabe lo que se pierde! Vivirás todo tipo de días como mamá, y por ende, tendrás que aceptar la bolsa con días buenos, malos, terribles, extraordinarios, mágicos y miserables. No lo harás bien todo el tiempo. No tienes que hacer las cosas como la mamá de nadie.

Solo tienes que cuidarlos.

No solo a ellos, sino también *a ti*. No puedes cuidar a tus hijos ni enseñarles cómo ser personas plenas y felices si te sientes miserable o eres muy dura contigo misma. Esto significa hacer con ellos lo máximo que puedas. Esto significa buscar refuerzos en la forma de amistades, tu esposo, tu mamá o el inflable en tu gimnasio local cuando te estás derrumbando y necesitas un receso. Esto significa concederte un tiempo sola y lejos de los bellos querubines que te están volviendo loca. Hazte una manicura, sal a correr o llama a tu compañera de cuarto de la universidad y váyanse a cenar. Mejor aún, si puedes, planifica todo un fin de semana. Imagínate dos días enteros sin tener que limpiarle la nariz a nadie. ¡Imagínate que te llamen por tu nombre de pila real! ¿Te imaginas que puedas levantarte tarde? ¡Oh, Dios mío, vas a dormir *tan* bien!

O tal vez puedas ir a que te den un buen masaje. O quizás esconderte en algún lado y ver todas las películas de Drew Barrymore en TBS... ¡El mundo a tus pies! Entonces imagínate regresando a tu casa sintiéndote renovada e inspirada; sintiéndote mejor para manejar las quejas, los gritos y las peticiones de que cortes los bordes del pan sin desear esconderte en el clóset. Imagínate vivir tu maternidad desde ahora y para siempre sin sentirte culpable. Imagínate cuidando de tus hijos y de ti misma simultáneamente sin cuestionarte todo el tiempo cada elección que hagas. Es posible.

Y es también una decisión.

Tienes que decidir no compararte. No compares a tu familia con otras familias, ni a ti misma con otras mujeres o mamás de la escuela. Tienes que decidir no comparar a tus hijos tampoco... ni con los hijos de tus amigas y sin duda tampoco entre ellos. No estoy diciendo que no debes esforzarte por ser una mejor mamá; y cuando de los hijos se trata, tu trabajo es ayudarlos para que se conviertan en las mejores personas que puedan ser. Pero querida, por favor, por favor, *por favor*, no sigas permitiendo que el miedo de hacer algo mal empañe todas las cosas hermosas que estás haciendo bien.

————

Hace unos años tuve que tomar una decisión. O aceptaba ser una mamá que trabajaba fuera y me sentía completamente orgullosa de lo que estaba haciendo, o tenía que renunciar y quedarme en casa y ser mamá a tiempo completo. Estarme castigando constantemente por mis decisiones no era justo para mis hijos, y sin duda no era justo para mí. Además, tampoco les estaba dando un buen ejemplo. ¿Quería realmente que me vieran dando mi vida en pos de un sueño y al mismo tiempo actuando como si no me mereciera ese derecho? Absolutamente no.

Un par de años atrás, cuando estaba tratando de perder el peso de mi segundo embarazo, fui a visitar a mi primera entrenadora. Era una arpía de mujer con una afición especial por los ejercicios llamados *burpees* (claramente en la misma liga del diablo), y más de una vez vomité después de mi sesión con ella. Idiota.

Un día estábamos hablando sobre mi dieta —en aquel momento aún atravesaba una separación difícil con mi cadena de hamburguesas favorita— y ella me preguntó: «¿Alimentarías a tus hijos alguna vez con lo que tú te comes?».

En esa época tenía por costumbre no comer nada durante la mitad del día, y luego me atragantaba cualquier cosa que tuviera a la vista. Me horrorizó la pregunta, porque invertía mucho tiempo y energía en lo que comían los niños. No, por supuesto que no, jamás alimentaría a mis hijos de la forma en que me alimentaba yo.

Más tarde, una versión de esta pregunta se convirtió en la cuerda salvavidas que usé para elevarme del umbral de la debilitante culpa maternal. ¿Quisiera que mis hijos se sintieran así alguna vez? ¿Me gustaría que persiguieran el deseo de su corazón, la profesión que enciende su alma —ya sea la de un papá que se queda en casa, un cosmonauta o un empresario— pero que luego estén constantemente cuestionando cada decisión que toman porque no se asemejan a lo que aparece en las redes sociales de todo el mundo? Santo cielo, lectoras queridas, la idea misma hace que mi corazón quiera detenerse. No desearía que tuvieran que luchar nunca con su sentido de valor propio como me ha pasado a mí. No quisiera que jamás se cuestionaran hasta el punto de la ansiedad. Tampoco quisiera que pensaran que toda su carrera como padres puede ser descartada sumariamente mientras comen Cheerios antes de salir a la escuela en una mañana cualquiera.

Así que tomé una decisión.

Haré lo mejor posible y confiaré en que mi «mejor» es exactamente el propósito de Dios para estos bebés.

Por lo tanto, escojo mis batallas. Hago lo mejor que puedo con el tiempo que tengo, y me doblo y me estiro por las cosas que parecen particularmente importantes, aun cuando solo tenga sentido en la mente de un niño de siete años. Una vez, Sawyer anunció que solo le gustaban mis emparedados para el almuerzo, no los de papá. Así que comencé a levantarme más temprano todos los días para estar segura de que solo yo le preparaba su almuerzo. Cuando Jackson me dijo que quería comenzar a correr conmigo, le compré sus zapatillas y corrí con él la milla más lenta que el mundo haya conocido jamás. Y cuando me dijo que debía comprarme un collar como las otras mamás... me compré uno.

Me compré aquel collar, pero todavía existen otras cien razones por las que no encajo con nitidez en todo esto como otras mujeres. Por ejemplo: detesto los deportes organizados.

Ser una mamá deportista es algo así como una medalla de honor, ¿cierto? Tus hijos comienzan a practicar fútbol, o béisbol, o hockey, o gimnasia, o lo que sea, y de inmediato te involucras en el deporte. En Facebook y en todas las redes sociales hay fotos de mamás alegres animando desde las gradas o los laterales. Mi amiga Kate me dijo hace poco que casi había perdido la voz gritando en el partido de su hijo, porque le emocionaba mucho estar allí. Adoro a Kate por eso: es la mamá deportista por excelencia que disfruta cada segundo de esos eventos. Sin embargo, yo no soy así.

Amo a mis hijos más que a nada en este planeta. ¿Pero los deportes? ¡No son lo mío! Durante varios años me castigué porque temía que un partido interrumpiera nuestros sábados. Me sentía como una mamá mediocre, pues se *suponía* que quisiera ver a mi hijo jugar fútbol o béisbol, pero realmente no era así. Ah, por supuesto, por fuera lo animaba y gritaba, y preparaba las meriendas especiales para el día del partido, pero por dentro —y *sé* que voy a recibir críticas por esto— pensaba (y sigo pensando) que era aburridísimo.

¿Mi esposo? No hay nada que lo alegre tanto como estar allí. Le encantan todos los deportes, y sospecho que ver a sus hijos jugarlos debe estar entre los primeros tres lugares de sus cosas favoritas en este planeta. Pero yo no lo entiendo. Es decir, me alegra que los muchachos estén felices. Me encanta que estén involucrados en un equipo, que aprendan sobre los beneficios de la actividad física y ganen confianza en sí mismos. ¿Más allá de esto? Simplemente no es mi actividad preferida. Y sé que algunas no entienden esta perspectiva. Para algunas, estas actividades hacen que sus corazones canten. Para algunas, momentos como estos son exactamente lo que imaginaron cuando soñaban con ser mamás... y me parece fantástico que se sientan así. Es maravilloso que todas podamos vivir momentos inigualables de orgullo maternal con nuestros bebés, pero lo que evoca ese sentimiento es distinto para cada una de nosotras.

Si algo me ha enseñado el tiempo es que nuestras diferencias hacen que esta vida sea única. Ninguna de nosotras es exactamente igual a la otra, y eso es bueno porque *no existe una manera de ser correcta*. La mamá voluntaria en la escuela, la mamá que trabaja fuera, la mujer sin hijos, la abuela jubilada, la mamá que duerme en la cama con sus hijos, la mamá que alimentó a su bebé con biberón, la mamá estricta, la mamá moderna, la que deja que sus hijos anden descalzos, o la que matricula a su bebé en clases de apreciación musical tan pronto nace...cualquiera, sin importar *lo que sea*, le está añadiendo sabor, textura y matiz a esta deliciosa sopa de la crianza en nuestro tiempo. Puedo mirar a otras mamás y aprender de ellas. También puedo dejar a un lado las cosas que no me parecen auténticas o prácticas para *nuestra* familia. Tú también puedes hacer lo mismo por la tuya. Esa es la belleza de crecer y aprender y descubrir exactamente quién eres.

LAS COSAS QUE ME AYUDARON...

1. *Miré la evidencia.* Solía pasar muchísimo tiempo obsesionada con todo lo que estaba haciendo mal como mamá. ¿Pero sabes qué? ¡Mis hijos son estupendos! Ah, claro, a veces me vuelven loca, pero sacan buenas notas, son amables y acogen con agrado a todas las personas que conocen. Es a mí a quien acuden si algo les duele. Es a mí a quien llaman por la noche si tienen una pesadilla. Tenemos un vínculo inquebrantable y fuerte, que no cambiará solo porque trabaje fuera de la casa. Mira la evidencia en tu propia vida. Si estás criando pirómanos que le faltan el respeto a su abuela... bueno, entonces quizás necesitas buscar ayuda. Pero si tus hijos son básicamente buenos la mayoría del tiempo, sé más tolerante contigo misma.

2. *Me hice amiga de otras mamás.* Sí, de aquellas con las que tus hijos te comparan. Sí, de aquellas con las que tú te comparas. Si son seres humanos, entonces lo más probable es que te digan que a ellas también les preocupa estropear a sus hijos.

Sí, ¿la mamá de Samanta, la que cosió cien lentejuelas en cien insignias en el sombrero que hizo a mano para celebrar el centésimo día de clases? Sí. Ella también está preocupada por su manera de criar. El emperador está desnudo, y a menos que busques la verdad, jamás la vas a descubrir.

3. *Me enfoqué en la calidad.* Cuando me siento estresada con respecto a la crianza, casi siempre se debe a que creo que me hace falta pasar tiempo de calidad con mis hijos. Un tiempo de calidad significa que no estoy en el teléfono, ni cerca de la computadora, ni hablando con otro adulto. Por lo general, incluye la lectura de un libro, jugar *Candy Land*, irnos juntos al cine o cocinar con ellos. Es cuando enfoco mi energía en ellos que me siento contenta y considero que estoy haciendo un buen trabajo.

CAPÍTULO 10

La mentira:

A ESTAS ALTURAS, SE SUPONE QUE YA HUBIERA LOGRADO MUCHO MÁS

La semana pasada me reuní con un grupo de mujeres para tomarnos una copa de vino y charlar. Las mujeres a mi alrededor tenían edades diferentes, habían viajado de ciudades distintas y provenían de diversos trasfondos. Algunas tenían familias, otras no; pero las describiría a todas como mujeres exitosas. El tema de la edad salió a relucir, y si nos gustaba o no celebrar nuestros cumpleaños y el paso de otro año. El consenso general fue: *definitivamente no.*

Esto me dejó de una pieza.

Soy una de esas personas a las que les encanta su cumpleaños. Lo planifico con meses de anticipación y hago largas listas de lo que quiero hacer (¡quedarme en sudadera todo el día!) o lo que quiero comer (¡salsa de espinacas y alcachofa con un pastel decorado con granas de colores como postre!). Lo espero con la misma alegría que sentía cuando estaba en tercer grado. Y no es solo la celebración como tal; llevo con orgullo cada año que pasa, y realmente no me importa de ninguna manera la edad que tengo.

Sé que a las mujeres no les gusta envejecer. Ese cliché ha existido desde que comenzó a llevarse un registro de la historia, estoy segura. Pero en realidad nunca le había preguntado a nadie la razón de esto. Así que le pregunté a este grupo de damas. Quería saber por qué les desagradaba tanto envejecer. La respuesta, en esencia, fue la misma para cada una de ellas.

Esperaba alguna referencia a lucir mayor o hasta a sentirse físicamente más viejas. Había asumido que tenía que ver con la pérdida de la juventud, y quizás para algunas personas sea cierto. Sin embargo, el problema de este grupo con el paso del tiempo no se trataba de lo que estaba ocurriendo.

No les agradaba la idea de envejecer debido a lo que *no* estaba ocurriendo.

Ya sabes, todas habían hecho planes. Cuando niñas o adolescentes, o cuando tenían entre veinte y veinticinco años, todas habían hecho distintos tipos de planes. Planes pequeños, planes grandes y planes del tipo «apunta a las estrellas», los cuales, según ellas, debieron haber cumplido hacía tiempo. Y aunque habían tachado muchas cosas en sus listas, todavía quedaban esos pocos puntos molestos... todos esos deseos y sueños que aún no se habían hecho realidad. Por lo tanto, para ellas, los cumpleaños eran recordatorios de todo lo que *no habían logrado*.

En el caso de algunas, no habían alcanzado alguna meta profesional o financiera. Otras querían estar casadas o tener hijos. Se habían trazado una ruta mucho tiempo atrás, y cada año que no alcanzaban ese destino preconcebido representaba un recordatorio difícil de las promesas que se habían hecho y no estaban cumpliendo.

¿Quién no se ha creído esta mentira? No puedo contar las veces en mi vida que me he culpado porque pensaba que mis metas tenían fechas de expiración. (Como nota aparte, ¡qué actitud tan deprimente en un día que se supone que estuviera lleno de azúcar glaseada!). Sin embargo, chicas, tenemos que reconocer que esta mentalidad no nos hace bien. Estamos enfocando toda nuestra atención en la *ausencia* de algo.

Imagínate a una bebé que está dando su primer paso. Es una chiquita alegre y regordeta, y ya lleva algunas semanas balanceándose sin aguantarse de la mesa de centro. Finalmente, *finalmente*, da su primer pasito vacilante desde la seguridad relativa de la mesa de centro y se tambalea a través de los peligros de la alfombra de la sala hasta aguantarse del borde del sofá. Llega hasta allí, y te mira con euforia y un gran entusiasmo. Ahora imagínate que le diriges una sonrisa rápida e inexpresiva, y le exiges: «Listo, Chloe, eso estuvo bien, ¿pero por qué no estás corriendo ya?».

¿Te imaginas la consternación que sentiría esa bebé? ¿Qué tipo de padre tiene ese tipo de reacción cuando un hijo está aprendiendo a hacer algo nuevo? Sería inconcebible que una madre reaccionara tan severamente, o que juzgara a un bebé que todavía no ha tenido el tiempo ni la experiencia de vida para descubrirlo. Y sin embargo... y sin embargo, nos lo hacemos todo el tiempo.

Esa conversación negativa que entablamos con nosotras mismas puede ser más dañina que el abuso emocional impuesto por un padre detestable. También es mucho más insidiosa, porque nadie está allí para detenerla, ya que raras veces reconocemos que está ocurriendo. Ser duras con nosotras mismas con respecto a todo lo que pensamos que estamos haciendo mal se convierte en una letanía de ruidos que distraen. Y a la larga, dejamos de oírlos.

¿Y para qué? ¿Porque pensaste que serías socia en tu firma a los cuarenta? ¿Porque no puedes creer lo mucho que has aumentado de peso desde que tuviste a tus hijos? ¿Porque tu hermana ya está casada y tú ni siquiera estás saliendo con alguien? ¿Porque dejaste la universidad y no tienes tu diploma? ¿Y estás pensando cada vez que pasa una hora, un día y una semana que es demasiado tarde?

Me parece una estupidez suprema.

Dios tiene un tiempo perfecto para todo. Si tu fe no es la mía, entonces piensa en que todo ocurre exactamente cuando tiene que ocurrir. Reflexionas sobre tu vida y las ocho cosas que pensaste que ibas a lograr antes de cumplir treinta y cinco años, y luego te deprimes. Sin embargo, es posible que todavía no tengas la experiencia de vida suficiente. Eres como la bebé que está tambaleándose en medio de la sala sobre sus piernitas de bebé regordetas... quizás tengas que practicar un poco más. O tal vez no se supone que esa sea tu meta. Quizás estás predestinada para algo mucho mejor, que no llegará de aquí a cinco años. Es posible que tengas que caminar en este espacio donde estás ahora a fin de estar preparada para eso. Nada se desperdicia. Cada momento te está preparando para el siguiente. No obstante, independientemente de que decidas o no ver este tiempo como algo maravilloso —el tiempo en el que Dios te está ensanchando y desarrollando, o quizás te está forjando en fuegos más calientes de los que piensas que puedes resistir— todo es parte del proceso para convertirte en la persona que se supone que seas, a fin de alcanzar un futuro que ni siquiera puedes imaginar.

Cuando decidí tratar de salir embarazada por primera vez, pensé que chasquearía mis dedos y estaría esperando un bebé al siguiente minuto. Nos tomó ocho meses concebir. Ocho meses esperando, ocho meses llorando cada vez que me llegaba el periodo, ocho meses tratando de no sentir celos de las mujeres embarazadas a mi alrededor, ocho meses de estar triste cuando las cosas no sucedían de la manera en que pensaba que debían suceder.

La mañana en que finalmente me hice la prueba y vi aquellas dos rayitas rosadas, corrí y me paré frente al espejo para verme la cara. No dejaba de pensar: *No me quiero olvidar nunca de cómo me veía cuando descubrí que sería mamá.* Todavía puedo verme frente a aquel espejo, con los ojos bien abiertos, sorprendida y maravillada.

Jackson Cage Hollis nació el 30 de enero del 2007, y es una de las alegrías más inmensas de mi vida. Le gustan los videojuegos, cocinar conmigo, y siempre tiene puestos un montón de brazaletes de goma de todos los colores del arcoíris en su muñeca izquierda, ya que «están a la moda, mami, por eso los uso». Chicas, si hubiera salido embarazada en cualquier momento de aquellos ocho meses de espera, no habría tenido a Jackson.

El tiempo de Dios es perfecto.

Mi sueño era llegar a ser la organizadora de eventos más reconocida en Los Ángeles. Quería tener muchos empleados, una oficina elegante, y los clientes que mejor pagaran en la ciudad. Un año tras otro seguía pensando: *Este es el año en que voy a necesitar veinte empleados. Este es el año cuando voy a estar a cargo del «Baile del gobernador». Este es el año en que voy a ganarme un millón de dólares.* (Soy una soñadora, ¿te acuerdas?) Y cada año crecíamos, pero no tanto como deseaba, y me deprimía, pues no era tan exitosa como quería ser.

Entonces, la base de admiradoras de mi pequeño blog —el que se suponía que fuera solo una herramienta de mercadeo para la compañía de eventos— comenzó a crecer y me fascinaba probar recetas para ellas o hablarles sobre cómo decorar una sala. Con el tiempo, el blog se convirtió en mi negocio a tiempo completo, y la chica que abandonó la universidad y no tenía conocimiento de tecnología ni de los medios, de pronto se encontró manejando una compañía mediática sobre estilos de vida con millones de admiradoras. Además, sin duda alguna, este trabajo es mucho más divertido y gratificante que la organización de aquellos eventos. Si hubiera tenido la compañía de eventos más grande de LA, con los empleados y los millones, no habría tenido el tiempo para escribir el pequeño blog que, a la larga, se convertiría en mi carrera y cambiaría completamente la trayectoria de mi vida.

El tiempo de Dios es perfecto.

Dave y yo atravesamos una larga jornada de adopción. Hace casi cinco años comenzamos el proceso de adoptar a una niñita de Etiopía. Después de montañas de papeleo y casi un año de presentar documentos, prepararnos y tomarnos las huellas digitales por centésima vez, finalmente nos aprobaron y estábamos esperando que nos entregaran una bebé. Dos años de espera más tarde, el programa de adopción en Etiopía colapsó y descubrimos que era inútil seguir esperando. Tuvimos que llorar la pérdida de la vida y la hija que habíamos imaginado para nosotros.

Comenzamos otra vez. Decidimos adoptar a través del programa de hogares de acogida en el condado de Los Ángeles, porque nos dimos cuenta de que la necesidad era grande. Durante esa jornada recibimos a dos niñitas en nuestro hogar, y lloré por semanas después de que tuvieron que irse. Dos meses más tarde, recibimos una llamada sobre dos recién nacidas gemelas que serían nuestras. A los seis días de nacida, las trajimos a casa del hospital, les pusimos nombre y sentí un amor que no puedo explicar adecuadamente. Sin nosotros saberlo, su padre biológico decidió que las quería, y cinco semanas más tarde se llevaron a las bebés que creía que eran mis hijas.

No estaba segura de qué pensar ni cómo sentirme, y de verdad no sabía si tenía las fuerzas para intentar otra vez la adopción. Sabía que estaba dejando que mi miedo me controlara, que la preocupación de exponer mi corazón otra vez solo para que lo pisotearan estaba impidiendo que diera el próximo paso. En medio de aquella angustia, era difícil no preocuparse. Lloré muchísimas lágrimas, y pensaba: *Señor, ¿por qué pusiste este deseo en mi corazón si no ibas a hacerlo realidad? Y, Dios, si lo intentamos otra vez, realmente no vas enviar mi corazón al matadero, ¿cierto? Porque este proceso con fechas en la corte, y padres biológicos, y visitas al médico, y trauma, y el Departamento de Servicios a Niños y Familias... ya todo eso fue lo suficiente difícil... ¿Verdad que no nos vas a aniquilar al final de esto? ¡¿Verdad?!*

En medio de estos pensamientos temerosos, lo escuché preguntarme: *¿Tienes o no fe en mi plan?*

Todo se resume en eso: la fe. La certeza de que tu vida se desarrollará como se supone que lo haga, aun si tuvieras que atravesar algo doloroso y difícil. ¿Creo que él tiene un plan? Absolutamente. He visto la prueba demasiadas veces como para pensar algo distinto. Eso quiere decir que tengo que aferrarme a esa certeza aun cuando el proceso no sea sencillo, fácil o seguro.

Puedo pasarme el día entero haciéndote una lista. Puedo identificar cien momentos distintos de mi vida en los que pensé que debía tener algo y lo mucho que me enojé cuando no lo recibí, solo para descubrir, mirando en retrospectiva, que no se suponía que fuera mío. Al mirar atrás, creo que eso ocurrió con mi hija. Se suponía que las otras niñas fueran nuestras solo por un momento y por alguna razón, se suponía que fuéramos de ellas por un corto tiempo. Formamos parte de nuestras jornadas mutuas; fuimos una parada en el camino al destino final, aun cuando no vayamos a estar allí para llegar juntos a ese destino.

Mientras edito este capítulo, mi hija está durmiendo es una sillita que rebota en la mesa de la cocina, al lado de mi computadora. Apenas cinco meses después de que se llevaron a las gemelas, cinco meses después de que no podía imaginarme adoptando otra vez, nos conectaron con su primera mamá a través de una adopción independiente. Aquel tiempo estuvo lleno de ansiedad. Me aterraban tanto todas las cosas que podían salir mal —que *habían* salido mal en el pasado— que casi no podía funcionar. No obstante, el resultado de esa experiencia fue una relación tanto con Noah como con su primera familia que resulta tan especial que solo pudo haber sido creada con destreza por un ser divino. Y una vez más recordé que el tiempo de Dios es perfecto.

Si tienes una meta, ¡es fantástico! Soy una de las personas más motivadas que puedas conocer, y la lista de metas para mi vida mide nueve millas de largo. Sin embargo, he aprendido que, junto con mi lista de metas, tengo que concederme algo de gracia. Estar casada a los veinticinco años, quedar embarazada a los treinta, y llegar a ser presidenta de mi división antes de los cuarenta son solo números arbitrarios. Porque, ¿sabes qué? Ninguna de esas nociones o planes preconcebidos me funcionaron. El matrimonio y los bebés llegaron mucho más temprano de lo que pensaba... y el éxito profesional llegó mucho más tarde. Resulta que las cosas más hermosas en mi vida nunca estuvieron en mi lista de asuntos pendientes.

Hoy en día, quizás haya cosas en tu lista de asuntos pendientes, pero también tienes una larga lista de cosas que ya *has* logrado. Ya has hecho cosas pequeñas y cosas grandes... metas que cumpliste hace muchos años que están en la lista de deseos de otra persona. Enfócate en lo que *has* hecho. Presta atención a los pasitos que diste sobre la alfombra de la sala con tus piernas tambaleantes. Celebra los pequeños momentos. Son sagrados, aunque no sean peldaños para algo más. Nada es más importante que hoy.

El tiempo de Dios es perfecto, y es muy probable que como no estás donde pensaste que debías estar, terminarás exactamente donde se supone que estés.

LAS COSAS QUE ME AYUDARON...

1. *Hice una lista.* En serio. Haz una lista de todo lo que has logrado hasta la fecha. ¡Es más, escríbete una carta sobre tu tenacidad! El año pasado asistí a un taller con Elizabeth Gilbert y nos pidió que hiciéramos algo: hablar desde la parte de nosotras que ha alcanzado mucho, la que se niega a darse por vencida. ¿Quieres ver un salón lleno de gente llorando? Pídeles que lleven a cabo esta tarea. Cuando te obligues a reconocer todas las cosas que *has* logrado, te darás cuenta de que no está bien ser tan dura contigo misma por lo que no has logrado.

2. *Hablé con otras personas.* Muchas veces no reconocemos cómo nos sentimos porque estamos muy avergonzadas. Sin embargo, cuando tienes a alguien con quien puedes hablar y que te escucha decir: «Siento que no valgo nada, ya que a estas alturas no soy una estrella de rock», entonces puedes experimentar el bálsamo de su validación. «¿Estás bromeando, cierto?», te dirán. «¡Mira todas las cosas fantásticas que has alcanzado! Eres extraordinaria. ¡Deja de ser tan dura contigo misma!». Recuerda, cuando te mantienes callada, les das poder a todas esas mentiras.

3. *Establecí metas, no un tiempo límite.* Me encantan las metas. Te pueden ayudar a convertirte en la mejor versión de ti misma... pero los grandes sueños no tienen fecha de expiración. Mientras te mantengas trabajando para alcanzar lo que deseas, no debería importarte si te toma un mes o una década.

La mentira:

LOS HIJOS DE OTROS SON MUCHO MÁS LIMPIOS, ORGANIZADOS Y EDUCADOS.

He hablado en bastantes grupos de madres de preescolares (MOPS, por sus siglas en inglés) a través de los años, y personalmente creo que habrá un lugar especial en el cielo para cualquiera que haya sobrevivido a la etapa de crianza de los preescolares. Por lo general, cuando me piden que dé una charla, me preguntan sobre qué quiero hablar con respecto a la crianza de los hijos. A veces hasta me dan un tema para que trabaje con él, como por ejemplo: «Juntos es mejor» o «Un viaje hacia...».

En estas ocasiones, trato de elaborar el tema basándome en lo que conozco bien.

Un viaje hacia el lado izquierdo del menú de Taco Bell...

Un viaje hacia los libros sobre un triángulo amoroso entre un vampiro y un hombre lobo...

Un viaje hacia aprender finalmente a bailar el chachachá para impresionar a tus hijos antes de que el «Whip/Nae Nae» te traiga de vuelta al principio...

Inevitablemente, me siento y hago todo lo posible por desarrollar una discusión bien pensada y conmovedora basada en el tema propuesto. Un viaje hacia la compresión del Evangelio, ¿quizás? O: Un viaje para encontrar la paz.

Sin embargo, cuando trato de sentarme y escribir mis pensamientos, no puedo organizarlos... La vida se interpone, los hijos se interponen, el trabajo, la hora de dormir, la hora de cenar, la hora de tomar la siesta... todo se interpone.

De pronto me sorprendo pensando: ¡Señor! ¿Cómo se supone que hable de cualquier tema si no tengo ni un momento de paz? Estoy corriendo *de un lado para otro sin poder parar, ¿y me estás pidiendo que comparta consejos sabios con otras mujeres? ¿Quieres que hable sobre mi fe? ¡Estoy tan cansada que ni siquiera puedo deletrear fe!*

Y entonces escucho esa voz tranquila y tenue... *Justo de eso quiero que hables.*

Este es probablemente el estímulo para la mayoría, por no decir todas, las cosas que he hecho que resonaron con otras mujeres y por consiguiente han sido exitosas. Me encontraba en apuros, y en lugar de tratar de dorar la píldora o pretender que esto no estaba ocurriendo, simplemente reconocí todas las dificultades en mi trabajo.

Por lo tanto, no voy a hablarte sobre encontrar tu paz; te voy a hablar sobre aceptar tu caos. Seamos sinceras: este escenario es mucho más probable, porque no conozco a ninguna mujer viva hoy en día que pueda aminorar el paso lo suficiente para encontrar sus llaves, así que ni hablemos de disfrutar de un estado de paz interior constante. Si alguna vez logras encontrar paz y felicidad interior mientras estás criando a tus hijos, por favor, no nos lo digas al resto de nosotras. Solo nos entristecerá, y yo como masa de pastel cruda cuando estoy triste.

Dirijo una compañía mediática sobre estilos de vida que se especializa en crear contenido para las mujeres. El fundamento de esa compañía es el sitio web, y todos los días una enorme base de admiradoras de todas partes del mundo lo visita a fin de decidir qué van a cocinar para la cena, cómo hacer a mano un cojín, cómo organizar a sus hijos para la escuela, o qué ropa de moda deben usar ese otoño. Te recuerdo esto para que te acuerdes de que, literalmente, me gano la vida ofreciéndoles consejos a las mujeres. Cada detalle del trabajo que hago es creado para ayudar a que la vida de las mujeres sea más fácil.

Esto resulta crucial debido a que estoy a punto de presentarte todo un capítulo sobre correr hacia el caos, atravesar momentos difíciles y aceptar la época de vida en la que te encuentras... aunque sea terrible. Después de haber hecho este trabajo por una década he aprendido algo y tengo una teoría firme. Irónicamente, pienso que aceptar el caos podría ser el camino hacia encontrar la paz.

¿Has escuchado alguna vez acerca de la teoría del caos? La teoría del caos es un campo de estudio en las matemáticas que identifica la conducta y la condición de sistemas dinámicos que son altamente sensitivos a condiciones iniciales... una respuesta que popularmente se conoce como el efecto mariposa. Para tu información, busqué esto en Google. Nunca antes en mi vida he escrito una oración con las palabras *sistemas dinámicos* ni la he escrito desde este momento.

El efecto mariposa es un término antiguo basado en la idea de que, si estudias la trayectoria de un huracán desde su origen, descubrirás que comenzó por un cambio en la presión del aire causado por el aleteo de una mariposa tres semanas antes y al otro lado del mundo.

En términos sencillos, esto solo significa que las cosas pequeñas pueden tener efectos enormes.

El caos luce como algo así: mi hijo de tres años se despierta por lo menos una vez cada noche y llora porque quiere dormir en nuestra cama; mi sitio web deja de funcionar y se necesitan muchas horas para repararlo; mi cuñado tiene que ir al hospital; mi esposo lleva diez días en un viaje de negocios; tengo de pronto urticaria o parálisis facial o vértigo producido por el estrés; derramo un galón completo de leche; un pájaro hace caca en mi cabeza; un bebé hace caca en mi cabeza; peleo con mi esposo, mi mamá, mi hermana o la hermana de la mamá de mi esposo... todas las mujeres pueden llenar el blanco con su marca personal de caos, porque *todas* la tenemos.

Cada una de nosotras está viviendo en caos y lo manejamos en una de tres maneras:

1. **Lo ignoramos.** Este es uno de mis métodos favoritos para lidiar con el caos. Finjo que no existe. Me mantengo al margen y sigo trabajando más duro y más duro, porque nadie puede darle a un blanco en movimiento.

   El problema con ignorar tu caos es que, por naturaleza, el caos es increíblemente estresante. Sería como fingir que no estás realmente enferma cuando es obvio que tienes gripe. Puedes tratar de verlo como si la mente prevaleciera sobre el cuerpo, pero a la larga, el estrés siempre te alcanza, y tu cuerpo reaccionará negativamente. En mi caso, el estrés reacciona en forma de parálisis facial o vértigo. A mi hermana mayor le sale urticaria cuando está estresada. A una de mis amigas le da insomnio. Quizás pienses que no te está afectando directamente, pero *saldrá* a relucir... y lo más probable es que sea de maneras que no resultan saludables para ti ni tu familia.

2. *Batallamos contra él.* Por lo general, peleamos contra el caos en un campo completamente distinto de aquel en el que de verdad necesitamos enfrentarlo. Por lo tanto, en respuesta al estrés en nuestra relación, tal vez limpiemos la cocina. Y también el cuarto y la sala. Y limpiamos la cocina otra vez. Les cepillamos el pelo a nuestros hijos y les limpiamos la cara, y lloramos cuando se ensucian con kétchup la ropa de la iglesia. Hacemos todo lo posible por mantener una existencia tipo foto de revista, porque tal vez así el interior se ajuste al exterior.

El problema con esa batalla es que siempre la perderemos. Si creemos que podemos hacer lo suficiente, organizar lo suficiente o planificar lo suficiente para asegurarnos de que nada sea difícil nunca, solo nos haremos sentir como un fracaso cuando la vida se ponga difícil. La vida es una locura y resulta estresante, y a veces empeora antes de mejorar. Perder una pelea contra algo usual y cotidiano nos hace sentir impotentes y enojadas. Nos hace sentir que no tenemos el control.

3. *Nos ahogamos en él.* Nos sentimos abrumadas por las tareas de la casa, el trabajo usual, la familia y las amistades. Las cosas estresantes se convierten en todo lo que vemos. Nos parece algo insuperable, y no importa lo que hagamos, nada mejora. Terminamos revolcándonos. Nos quejamos, nos metemos bajo las sábanas y dejamos que el caos gane.

El problema es que ahogarse significa asfixiarse. Y si elegimos mantenernos bajo el agua sin patear para salir a la superficie, a la larga se nos olvida cómo nadar.

Hermana, tú eres más fuerte que esto. Tienes bebés que criar, cuentas por pagar y una vida que vivir... ¡y no puedes hacerlo si estás escondida bajo las sábanas!

Además, cada una de estas maneras —ignorar, batallar o ahogarte— es una plataforma excelente para el falso salvavidas de las adicciones. Puedes usar la comida para no tener que enfrentar tu vida. Puedes embriagarte como una forma de ahogar tus penas. Puedes recurrir a muchísimas sustancias indebidas para alejar tu mente del caos que te rodea, y muchas de nosotras lo hacemos sin darnos cuenta de que estamos desarrollando un mecanismo de defensa regular y peligroso en lugar de un escape definitivo.

¿El problema más grande con estas tres cosas? Cualquiera de ellas supone que estás en control. Y hasta cierto punto es verdad... después de todo, la fuerza impulsora de este libro es recordarte que estás en control de *ti misma*. Sin embargo, no puedes controlar las acciones de otros, el colapso emocional de tus hijos, la rabieta del bebé en Target, al perro excavando en tu patio o que se rompa la lavadora. Y cuando piensas que puedes hacerlo, terminas sintiéndote enojada, frustrada y estresada. Además, cuando asumes que estás en control absoluto, no te detienes y sacas tiempo para entablar una relación con Dios; usas maneras alternativas para tratar de crear algo de paz.

Entonces, ¿qué opciones tenemos? ¿Ignorarlo, batallar, medicar el caos hasta sentirnos adormecidas a sus efectos? ¡Seguro que no! Somos más fuertes que eso, aun cuando sea difícil sentirlo en el momento en que estamos enterradas bajo un montón de ropa sucia y una horda de chicos hiperactivos.

He aquí otra alternativa —una a la que rara vez la gente se aferra— acepta la locura. Curiosamente, las personas que conozco que mejor hacen esto son aquellas cuyas vidas resultan más caóticas. Son mis amigas cuyos esposos militares están sirviendo en el extranjero. Son las mujeres que conozco que están criando niños con necesidades especiales. Son las mamás solteras que tienen tres trabajos. Pienso que es porque aprendieron hace mucho tiempo que hay belleza en el caos, así como libertad en no tratar de luchar contra la corriente.

El asunto es que Jesús fue un experto acogiendo el caos. Él predicó, enseñó y pastoreó un rebaño, y en medio de su ministerio tumultuoso, aceptó a *todo el mundo*. Todo el mundo tenía permiso para unirse en el amor. Las viudas, las prostitutas, los leprosos, los huérfanos, personas con grandes necesidades, la gente que traía drama y estrés a su vida, y aquellos que no siempre eran encantadores o siquiera amables. Más aún, Jesús nos pidió que los amáramos también. No nos lo solicitó amablemente ni nos dijo: «Oigan, tal vez pudieran...». ¡No! Nos ordenó directamente que defendiéramos a los oprimidos. Jesús los miró y dijo: «¡Vengan!». Jesús tomó todas las piezas desordenadas y rotas y dijo: «¡Yo hago nuevas todas las cosas!» (Apocalipsis 21.5). En medio de nuestro caos, temor y frustración, encontramos este recordatorio: *«Todo tiene su momento oportuno; hay un tiempo para todo lo que se hace bajo el cielo»* (Eclesiastés 3.1).

Quizás estés pensando en tu casa, en tu vecindario, en tu ciudad: *Esto es muy difícil. Nadie lo entiende. No puedo continuar. Bla, bla, bla.* Y Dios está allá arriba diciendo algo así como: ¡Perfecto, hija, he estado hablando *sobre esto desde Plaza Sésamo!*

Sentirse abrumada no es un concepto nuevo.

¿Has tenido un día o una semana difícil? ¿Le contestas bruscamente a tu esposo o quieres arrancarte los pelos? No has inventado la rueda con eso. No eres la única. Sin embargo, tu individualidad se manifiesta según tu manera de manejar el estrés.

Es posible que estés leyendo esto y pienses: *Listo, me apunto...*

lo entiendo. ¡Voy a aceptar esta vida caótica! Pero, ¿cómo rayos puedo hacer eso?

Comienza concediéndote algo de gracia. Todas arruinamos las cosas; todas cometemos errores; a todas se nos olvida el día de los pijamas o lo confundimos con el día de las fotos. Les he gritado a mis hijos, a mi esposo y a mí misma. Nada de eso se siente bien, toda esa situación me agobia, porque la pérdida de control me molesta muchísimo. ¿Pero sabes qué? Mañana es otro día y es una oportunidad para intentarlo otra vez.

Respira hondo. Encuentra el humor en la situación, y oblígate a buscarlo si no resulta evidente en el momento. Hace un par de años, cuando estábamos en el proceso de certificación para ser padres adoptivos, una trabajadora social tuvo que entrevistar a cada uno de nuestros hijos. Nos sentamos en la sala con ellos, mientras ella les hacía preguntas inocuas y tomábamos té helado. La trabajadora social les hacía comentarios inofensivos... inofensivos hasta que le habló a Ford Hollis, que recién había cumplido cuatro años.

—¿Qué te hace feliz? —le preguntó.

Él le dijo que le gustaba ir a nadar.

—¿Y qué te hace sentir triste? —continuó.

—Cuando papi me asusta en la noche —le dijo sin vacilar.

Tanto Dave como yo nos quedamos paralizados, como un ciervo frente a los faros de un auto. ¿Qué? ¿De qué rayos estaba hablando? ¿Y por qué había decidido decirlo ahora, frente a una trabajadora social del Departamento de Servicios de Protección de Menores?

—¿Qué quieres decir con que papi te asusta en la noche?

—Ya sabes, cuando viene a mi cuarto en la noche y está enojado conmigo.

Bueno, cuando tienes este tipo de entrevistas, ya estás bastante nerviosa; pero cuando tus hijos dicen una locura, piensas que no solamente no te van a aprobar como madre adoptiva, sino que también podrías perder a los hijos que ya *tienes*.

Algunas preguntas adicionales revelaron que Ford estaba hablando sobre el día anterior, cuando se había levantado en medio de la noche y trató de meterse en la cama con nosotros (algo que va contras las reglas). Papá estaba algo gruñón cuando tuvo que llevarlo a su cama tres veces a las dos de la madrugada. Mirándolo en retrospectiva, resulta gracioso, pero en aquel momento, antes de que todo se aclarara, pensé que iba a hiperventilar. Así que haz el esfuerzo para reírte de las situaciones difíciles. En realidad, mientras más loca sea la situación, más humor deberías encontrar en ella.

También te animo —igual que me animo yo— a buscar el fruto del Espíritu. Para aquellas mujeres que no crecieron cantando sobre esto con un casete de música de adoración para niños antes del desayuno todas las mañanas como yo, el fruto del Espíritu es amor, alegría, paz, paciencia, amabilidad, bondad, fidelidad, humildad y dominio propio. Todos son valores increíbles, pero creo que siempre hay uno que necesitamos más en una época de la vida en particular. Escoge con el que más te identifiques en este momento, escríbelo en algunos papelitos y pégalos por todas partes.

No te olvides de tomar recesos, cuidar de ti misma, disfrutar de una cita o ir al salón a hacerte una manicura. Tómate un tiempo tan solo para rellenar tu copa y te sentirás más capaz para aceptar toda la locura que encontrarás cuando regreses a ella.

Busca a una tribu de gente que esté en una situación de vida similar a la tuya. Una vez que la halles, sé sincera y cuéntales acerca de dónde te encuentras y con qué estás pasando apuros. Aprende a pedir ayuda, y cuando alguien te la ofrezca, ¡acéptala! ¡Acepta cualquiera y toda la ayuda que puedas recibir y considérala un regalo de Dios! No puedo decirte cuántas mujeres me preguntan cómo «lo hago todo», y cuando les digo que he aprendido a pedir ayuda, me miran como si fuera una extraterrestre.

«¿Qué tipo de ayuda?».

Por ejemplo, cuando tu suegra te diga que va a pasar por tu casa en la tarde para entretener a los chicos, dile: «Sí, por favor». Si tu esposo se ofrece a doblar la ropa (aun cuando pienses que no dobla bien las toallas), dile: «Sí, por favor». Si tu amiga dice que quiere traerte comida o vino, pero te da pena que tenga que salir de su casa, dile: «Sí, por favor». O si la escuela elemental de tus hijos ofrece clases en las tardes que ocuparían a tus chicos revoltosos por una hora y media adicional, dile: «Sí, por favor».

¿Qué puede ofrecerte más tiempo, más espacio y más libertad para encontrar tu centro? ¡Sea lo que sea, dile a eso: «Sí, por favor»!

¿Recuerdas el viejo chiste sobre el hombre que seguía orando a Dios porque estaba a punto de ahogarse? Alguien se le acerca en un bote y le pregunta si necesita ayuda, y él le contesta: «¡No, Dios va a salvarme!». Cuando ocurre lo mismo dos veces más, él contesta igual en las dos ocasiones. Información anticipada: el hombre termina ahogándose y cuando llega al cielo, le pregunta a Dios: «¿Qué pasó? Te pedí que me salvaras». Y Dios lo mira y le contesta: «Oye, te mandé tres botes salvavidas distintos y los ignoraste a todos».

Amiga, Dios te está enviando todo tipo de botes salvavidas. Algunos son grandes y obvios, y otros son tan simples como el muchacho en el supermercado que coloca las cosas dentro de las bolsas y te ofrece llevártelas al auto. ¡Súbete al bendito bote!

Recuerda Filipenses 1.6: «Estoy convencido de esto: el que comenzó tan buena obra en ustedes la irá perfeccionando». ¡Ah, simplemente me encanta este versículo! Creo que es cierto, y lo he visto hacerse realidad en mi vida una y otra vez. Saldrás de esta etapa de la vida. Esto también pasará. No permitas que el resto de tu vida vaya cuesta abajo solo debido a una época difícil.

También podría ser útil recordar que hay alguien que está orando porque anhela el tipo de caos por el que ahora tú te lamentas. Me refiero a que las cosas que piensas que son tan difíciles podrían ser el sueño hecho realidad de otra persona. No digo esto para hacerte sentir mal, ni para invalidar tu experiencia difícil; pero algo de perspectiva podría ayudarte a ver que tu caos es en realidad solo una bendición gigantesca. Ajustar tu punto de vista puede hacer maravillas.

Por último, ¿recuerdas el efecto mariposa? Bueno, pensemos en una mariposa real, o más específicamente en una oruga. Las orugas son extraordinarias. Tienen todas esas patitas y a decir verdad son geniales; se ha escrito toda una serie de libros sobre lo lindas que son. Sin embargo, si la oruga simplemente decidiera quedarse como una oruga, si decidiera que el caos de la metamorfosis sería mucho más de lo que podría manejar, nunca descubriría lo que podría llegar a ser. ¿Crees que cambiar todo su ser no es doloroso? ¿Piensas que no es difícil y abrumador, y que no la asusta? Seguro que sí, pero si no luchara contra el miedo, si no permitiera que el cambio sacara a relucir su verdadero yo, nunca sabríamos lo hermosa que es. Y ella nunca descubriría que fue creada para volar.

LAS COSAS QUE ME AYUDARON...

1. *Las amigas como yo.* Es decir, las amigas que eran recién casadas cuando yo era una recién casada. Amigas que son empresarias porque yo soy empresaria. Amigas que trabajan fuera de la casa, o son mamás de niños varones, o tienen hijos de edades similares... todas ellas son salvavidas. Tener a alguien con quien puedas tomarte una copa de vino y que se identifique con tu día es una bendición. Esas amigas son vitales para ayudarme a sentir animada.

2. *Las prioridades.* Puedes mantener una casa limpia, o comenzar una compañía, o quedarte en casa con tu bebé, o tener un cuerpo tremendo porque haces ejercicio los siete días de la semana... pero no creo que puedas tener todo esto a la misma vez, o por lo menos, no en la misma medida. Siéntate y decide qué es realmente importante para ti. No lo que es importante para tu suegra o tus amigas... decide qué es realmente importante para *ti*. Luego, haz esas cosas primero. Si la casa está desordenada o necesitas esperar hasta el año siguiente para entrenar para el medio maratón, bueno, así es la vida.

3. *El vino en caja.* Estoy bromeando. Bueno, solo bromeando levemente. Pienso que debes tener algo que te ayude a relajarte. Tal vez para ti sea hornear, o salir a correr, o ver HGTV. Sin importar lo que sea, encuentra algo en tu vida que te parezca un regalo o un pequeño lujo. Cuando te sientas particularmente agotada, deberías tener la oportunidad de hacer lo que te haga feliz y recargar las baterías.

La mentira:

NECESITO HACERME MÁS PEQUEÑA

El año pasado asistí a una conferencia... del tipo donde un gurú sobre temas existenciales se para en el escenario y te explica sobre la meditación dirigida o te grita que creas en ti misma.

Me encantó cada segundo de la experiencia.

Como estoy constantemente analizando cómo puedo crecer y convertirme en una mejor versión de mí misma, valoro la sabiduría dondequiera que pueda conseguirla. Ninguna persona puede ser tu fuente para todas las respuestas, pero puedes obtener un puñado de pensamientos poderosos aquí y una pizca de perspectiva allá. Espero que recibas de mí algunos consejos tangibles, pero ni por un momento creo que tomarás como sagrado todo lo que digo en estas páginas.

Así que leo los libros y escucho los podcasts, y cuando alguien que admiro llena un estadio cercano con unos pocos días de sabiduría, ten por seguro que voy a comprar un boleto. Fue durante una experiencia como esta que obtuve un conocimiento poderoso e inesperado sobre mí misma.

«¿De cuál de sus padres anhelaban más amor?», le preguntó la oradora al público. «No a cuál de sus padres amaban más... ¿De cuál de ellos *anhelaban más amor*?

De mi papá.

Voy a asumir que esto es cierto para muchas mujeres, pero es definitivamente la verdad para mí. Y el asunto es este: he hecho muchísimas terapias, y gran parte de ellas fueron para poder responder a preguntas como esta. Así que cuando el orador le preguntó a la audiencia de quién anhelaba más amor, mi respuesta fue de mi papá. Sin embargo, *ya lo sabía*, no fue una gran sorpresa.

Entonces él hizo la pregunta de seguimiento que lo cambió todo.

«¿Y quiénes tenían que *ser* para ellos?».

O sea, ¿qué creías cuando niña que necesitabas ser para recibir el amor de ese padre?

«Exitosa», refunfuñé entre dientes. Esto tampoco era una noticia nueva.

Como ya les mencioné, entendía todo sobre cómo ser «una persona de alto rendimiento» había afectado mi vida adulta.

«Además de eso», preguntó el hombre en el escenario, «¿qué más tenían que ser?».

«Pequeña».

Se me salió de la boca sin un pensamiento consciente. Antes de aquel momento, puedo asegurarte que nunca antes había pensado en ese concepto.

¿De dónde vino eso? ¿Qué quería decir?

NECESITO HACERME MÁS PEQUEÑA

Me recliné en mi silla y pensé en ello por primera vez en mi vida.

Creo que mi papá siempre estuvo orgulloso de mí, pero no lo expresaba verbalmente a menos que hiciera algo bien. Como el buen trabajador que era, él valoraba los logros. Simultáneamente, como nunca tuvo un buen ejemplo de lo que significaba ser un buen papá, no tenía ningún modelo a seguir. No tenía la menor idea de qué hacer con unos pequeños. Mi recuerdo de niña es que debían vernos y no escucharnos. Aprendí rápidamente a no hacer mucho revuelo... a no hacer ningún ruido si no era lo que él quería. A veces él deseaba interactuar, conversar y hasta jugar. No obstante, la mayoría del tiempo quería silencio.

Según fui creciendo, estuve más y más consciente de la desigualdad.

Niñita.

Así me llamaba... y no como una palabra cariñosa.

Niñita, no tienes la menor idea de lo que estás hablando.

Niñita, el mundo real va a comerte viva.

Niñita, mejor es que crezcas rápidamente.

Niñita se convirtió en un improperio. *Detestaba* cuando me llamaba así, pero nunca había entendido realmente cómo me había afectado antes de aquel día en la conferencia. Y no solo de manera negativa, sino también positivamente. No sería quien soy de no haber sido por mi niñez. No estaría *donde* estoy sin la ética de trabajo que me inculcó mi padre. El mismo hombre que aplaudía mis logros tal vez me enseñó sin querer a ir tras ellos con demasiado empeño, pero no puedes culpar al pasado por lo que salió mal sin también estar dispuesta a ser agradecida por todo lo que salió bien. Analizar los *porqués* de cómo me comporto como adulta es lo que me permite superar los hábitos perjudiciales.

Hablemos, por ejemplo, de lo incómoda que antes me sentía

cuando hablaba de mi trabajo. Si me preguntabas en una fiesta a qué me dedicaba, te diría algo desdeñoso como: «Ah, tengo un blog sobre estilos de vida». No importaba que hubiera creado desde cero una compañía de medios y supervisara a once empleados. No importaba que nuestros clientes fueran algunas de las marcas más reconocidas del planeta. No importaba que el sitio web recibiera millones de visitantes cada mes ni que fuera autora y oradora, y que al mismo tiempo estuviera criando a mis hijos. Si menciono esas cosas, siento que me estoy jactando; que podría hacerte sentir incómoda si hablo de ellas.

Sin embargo, gran parte del motivo por el que no quiero ser jactanciosa es porque hace tiempo me enseñaron que yo era una niñita que no tenía idea de lo que estaba hablando. Ser grande mientras también eres pequeña es una tarea imposible para cualquiera. Aquel día, en aquella conferencia, entendí cómo este dilema había matizado tanto a la persona en la que me había convertido.

Como compañía, nos han ofrecido muchísimas oportunidades importantes durante los pasados años, y yo he encontrado una excusa tras otra para rechazarlas. Me preocupaba que fuera a defraudar a nuestros clientes. Me preocupaba que fuera a fracasar. Me preocupaba que no fuera lo suficiente astuta para llevar al equipo a un territorio nuevo.

Se me hace difícil escribir esto, ya que paso muchísimo tiempo diciéndoles a otras mujeres que persigan sus sueños más grandes. Y si me hubieras preguntado, *por supuesto* que te habría dicho que nos estábamos atreviendo a crecer a pasos agigantados. No obstante, cuando observé de veras mi vida y mi compañía, reconocí la verdad: me estaba haciendo pequeña. Estaba actuando justo lo suficiente para captar tu atención, pero no estaba siendo realmente yo por miedo a lo que todo el mundo pudiera pensar sobre quién soy de verdad.

¿Quién soy realmente?

Soy esposa y madre, y también sueño con ser una persona influyente en los medios de comunicación. Estoy trabajando para llevar a mi agencia mediática sobre estilos de vida a alturas increíbles. Sueño con generar suficientes ingresos a fin de que toda esta gente increíble que trabaja para mí —que se arriesgaron a ayudarme con *mi sueño*— pueda ser dueña de sus propias casas, pagar sus préstamos estudiantiles y tomarse vacaciones largas y fantásticas en algún lugar soleado. Sueño con establecer una entidad sin fines lucrativos que apoye a otras mujeres que deseen perseguir sus propios sueños. Estoy trabajando para crear una compañía donde mis hijos crezcan y en la que también puedan trabajar. Pienso que los medios que consumimos pueden afectar positivamente nuestras vidas, y al crear medios que inspiren y animen a las mujeres, podemos literalmente cambiar el mundo.

Tengo muchas metas y muchos sueños, y ninguno es pequeño. Son grandes y descabellados y llenos de esperanza. Requieren fe y valor y un montón de audacia. No puedo llegar allí, no *llegaré* allí, a menos que comience a aceptar todos los aspectos de mi carácter... incluyendo los que incomodan a otras personas.

Esto fue lo que me pasó por la cabeza aquel día durante la conferencia: no puedo seguir viviendo como la mitad de mí misma simplemente porque para los demás sea difícil lidiar con la versión completa de mí.

Estaba en otra conferencia hace unas pocas semanas y reconocí lo mismo en otras mujeres a mi alrededor. Éramos cuatrocientas mujeres inspiradoras y con mentalidad empresarial, y seguía escuchando los mismos comentarios una y otra vez:

«Bueno, este es solo mi pasatiempo».

«Esto es algo que simplemente hago aparte».

«Mi trabajo es ser mamá, pero esto es un gran trabajito extra».

Para que entiendas, estas no eran mujeres vendiendo antigüedades informalmente desde sus garajes en Etsy. Estas mujeres estaban dirigiendo negocios y equipos. Algunas de ellas producían cientos de miles de dólares al año; sin embargo, escuché la palabra *pasatiempo* una y otra vez.

Esto me hizo darme cuenta de algo: no soy la única mujer que se está haciendo más pequeña para hacer sentir cómodos a otros.

Es difícil que la gente que no nos entiende pueda apoyarnos por completo. En esencia, ese era el meollo del problema con mi padre. Él no entendía qué hacer con sus hijos cuando eran pequeños, y mucho menos con una niña. Como no me entendía, con frecuencia —y sin intención— silenciaba las partes de mí que lo incomodaban.

Las mujeres que trabajan afuera a veces tienen que abrirse paso entre los sistemas patriarcales. Las mujeres que trabajamos afuera recibimos reacciones negativas de parte de nuestros padres o suegros que no entienden nuestro deseo de trabajar, mientras que las mamás que se quedan en casa nos critican por no estar con nuestros hijos. Estoy segura de que las mamás que se quedan en casa se sienten igualmente criticadas por las mujeres que trabajan fuera debido a que no se identifican con sus decisiones. Es como si todas fuéramos niñas en el patio tratando de decir lo que otros quieren oír, y tratando de ocultar todas las partes que los demás tal vez no entiendan. Esto me hace pensar en cuántas mujeres andan por ahí viviendo solo la mitad de su personalidad, y al hacerlo se están negando la posibilidad de ser todo lo que su Creador tenía en mente que fueran cuando las creó.

¿De verdad piensas que Dios te creó —así de admirable y maravillosa— esperando que negaras quién eres realmente solo porque otros podrían sentirse mal? ¡No puedo creer que sea cierto! Mientras más lo pienso, más convencida estoy de que Dios me creó así. Él sabía que tendría un corazón de trabajadora, y sabía que desearía hacer realidad grandes sueños. De igual manera, él también sabía que el propósito de algunas de sus hijas sería quedarse en casa y criar a sus hermosos bebés, mientras que otras no desearían tener hijos en ningún momento.

¿Has pasado toda tu vida silenciándote por miedo a lo que otros puedan pensar? ¿Eres una empresaria que le llama a su negocio un pasatiempo porque te preocupa lo que tu suegra pueda decir o porque vas más a la segura si mantienes bajas las expectativas de los demás? ¿Estás dudando en cuanto a si regresar o no a la escuela debido a que piensas que no eres lo suficiente inteligente? ¿No te atreves a intentar algo nuevo porque ya estás segura de que fracasarás? ¿Te quedas callada cuando tienes mucho que decir? ¿Crees que nunca serás mejor ni llegarás más lejos de donde estás ahora mismo a causa de tu familia de origen? ¿No te atreves a pronunciar tus sueños en voz alta porque estás nerviosa de que otros se burlen de ti o te juzguen por tus decisiones?

Amiga.

Viví temiendo esto por años. Me preocupaba que si llegabas a saber lo mucho que amaba mi trabajo pusieras en tela de juicio cómo podía hacer esas cosas y al mismo tiempo ser una madre eficaz. Muchas personas han cuestionado mi compromiso con mis hijos durante los pasados diez años, y esto influenció mis creencias sobre ser una mamá que trabajaba fuera. Fue una larga batalla desde el sentimiento de culpa como mamá hasta la aceptación, y solo fui capaz de superarlo cuando adoptamos a nuestra hija. Cuando ella tenía unas seis semanas de nacida, tuve que hacer un viaje de negocios, y mientras estaba allí alguien me preguntó sobre mi sentimiento de culpa como una mamá que trabajaba fuera de la casa. Esta es una pregunta que me hacen a menudo y una que supongo que la mayoría de las madres —independientemente de que se queden en casa con sus bebés o decidan trabajar fuera— han tenido que enfrentar.

He pensado mucho en esto durante los pasados diez años de maternidad, y mucho más ahora que estoy criando a una hija.

Y he aquí lo que he decidido...

Me *niego* a enseñarle a mi hija esta narrativa.

Me niego rotundamente a criarla con el ideal de que solo uno de los padres sea a fin de cuentas el responsable por la persona que ella llegará a ser. A mí me criaron dos padres trabajadores y la comunidad proverbial.

No voy a consentir a la idea de que tener una madre con un trabajo a tiempo completo signifique que no la aman o no la cuidan bien.

No voy a convencerla de que tener una carrera (o no tenerla) tenga *algo* que ver con el compromiso que tiene con su pareja o lo mucho que ama a sus hijos... si es que decide tener cualquiera de ellos.

No voy a decirle que el trabajo de un hombre es solo fuera de la casa o que el trabajo de la mujer es dentro de la casa. Si ella *decide* quedarse en su casa, entonces la apoyaremos de todo corazón, pero nunca le enseñaremos que solo existe un tipo correcto de mujer que puede ser.

Esto es importante, ya que la sociedad les dirá a sus hermanos que sus opciones son ilimitadas, y los medios de comunicación le mostrarán a ella que su mundo es limitado.

Sé que es así por muchas razones, pero sobre todo porque a su papá *nunca* le han preguntado si se siente culpable por tener un empleo.

A medida que vaya creciendo, mi hija aprenderá cosas en

el mundo que desearía que no aprendiera —no puedo controlar eso— pero *sí* puedo controlar el tipo de mujer que le modelo como ejemplo. Yo, su madre, creo que Noah, mi hija, es una creación admirable y maravillosa de Dios, quien imaginó su lugar en este mundo mucho antes de que ella o yo hubiéramos nacido.

Y creo lo mismo sobre ti.

Creo que no eres un error, y sentirte culpable con respecto a quién eres (miembro de la fuerza trabajadora, ama de casa, obesa, flaca, con demasiada educación, sin educación, emotiva, estudiosa, de la «calle» o lo que sea) te denigra a ti y a tu Creador.

Existen cientos de maneras de perderte, pero la más fácil de todas ellas es negarte a reconocer quién eres realmente.

Tú —el tú *verdadero*— no es un accidente.

Esos sueños que tienes y quieres cumplir no son tonterías; ¡son el mapa hacia tu llamado divino! No te quedes al margen. No permitas que la opinión de otra persona decida tu valor propio. No te pierdas la oportunidad de vivir la vida de posibilidades increíbles que tienes por delante.

No eres una niñita.

Eres una mujer adulta, y es tiempo de crecer. ¡Conviértete exactamente en la mujer que Dios te llama a ser!

LAS COSAS QUE ME AYUDARON...

1. *La disposición a ofender.* No me refiero a *ofender* en el sentido de decir un montón de groserías y bromas soeces. Más bien, me refiero a aceptar la idea de que no todo el mundo puede entenderte ni aprobar lo que haces, y esto incluye a las personas más cercanas a ti. Si te gusta complacer a la gente como a mí, tal cosa es particularmente difícil, porque mi instinto es asegurarme de caerle bien a todo el mundo todo el tiempo. Así que

decidí salirme de mi propio camino y no seguir enfocándome en lo que otros pensaran de mí. Me enfoco en ser la mejor y más adorable versión de mí misma... pero si lo apruebas o no, ese no es mi problema.

2. *Una declaración audaz.* En mi caso, fue un tatuaje. En secreto, había deseado uno por muchos años, pero me preocupaba lo que otros pensaran. Entonces, tuve una epifanía: *yo decido quién soy.* Cada día que estamos vivas, estamos eligiendo esta vida y esta imagen pública. Elegimos ser una mamá que se queda en casa a la que le encanta hornear y los ejercicios Pilates. Elegimos ser la mujer sofisticada a la que le gustan los cafés y los productos artesanales. Elegimos ser la abogada que corre maratones y solo come comida orgánica. Cada aspecto de nuestra imagen pública, no importa por cuánto tiempo lo hayamos practicado, es una elección que hacemos cada día. Esto me abrió los ojos asombrosamente. Y por extraño que parezca, cuando entendí esto y me pegó justo en medio de los ojos, lo primero que pensé fue: *¡Me voy a tatuar la muñeca!*

3. *Un encuentro con un gurú.* Muchas veces necesito las ideas de un podcast, un libro o una conferencia para ganar perspectiva. Si te preguntas si estás silenciando un aspecto sobre ti, o si hay cosas que sabes en las que quieres trabajar, comienza a consumir contenido que le hable a esa área específica. Quizás no utilices todas las palabras que escuches o leas, pero ciertamente ganarás un poco de sabiduría que te ayudará en la etapa de vida en que te encuentras.

CAPÍTULO 13

La mentira:

ME VOY A CASAR CON MATT DAMON

Ríete todo lo que quieras, pero me lo creí durante *muchos* años. He hablado muchas veces sobre mi obsesión con Matt Damon, principalmente porque es algo gracioso y yo vivo para hacer sonreír a la gente. También es una carcajada fácil porque a la gente le cuesta trabajo conciliar la idea de que una persona cuerda y aparentemente inteligente crea que se casará con una celebridad que nunca ha conocido. No obstante, la verdad es que hubo un tiempo —en realidad, años enteros de mi vida— en que mi plan de vida más importante era encontrar a Matt Damon en algún sitio en Los Ángeles y encerrarlo.

Pasé la mayor parte de mi tercer año de secundaria viendo *Good Will Hunting* una y otra vez. Si quieres, todavía te puedo recitar toda la película de memoria. Solicité trabajo muchas veces en Miramax Films (porque ellos habían producido *Good Will Hunting* y mi cerebro de dieciocho años suponía que en cualquier momento Matt Damon podría pasearse por el vestíbulo). Durante el último año que viví en mi casa y mi primer año en Los Ángeles, esta fantasía de Matt como mi príncipe azul me ayudó a seguir adelante. Me lo imaginé con detalles vívidos: cómo nos conoceríamos, cómo estaría vestida, dónde nos casaríamos, cómo luciría nuestra casa, cómo serían nuestros hijos... Siempre que me encontraba en un lugar desolado, todas esas ilusiones eran la luz al final de mi túnel. Realmente creía que allí era a donde me dirigía.

Cuando finalmente me tropecé con Matt mientras trabajaba en una fiesta de Miramax después de un año como empleada de la compañía, él caminó directo hacia mí en la parte trasera del teatro. A decir verdad, vino derechito hacia donde yo me encontraba parada. Mi corazón por poco estalla en mi pecho, ya que estaba ocurriendo tal como lo imaginé. Matt me vio y al parecer de alguna manera supo que estábamos destinados a estar juntos.

Tan pronto estuvo al alcance del oído, comenzó a hablar.

«Discúlpeme», dijo.

¡Ahora es!, pensé.

«¿Sabe dónde se supone que me siente?».

Me habló porque él era una celebridad y yo era la chica con la tabla sujetapapeles en su mano... no porque hubiera sentido que estábamos destinados a estar juntos. Lo acompañé hasta su lugar asignado y lo dejé allí, sin una propuesta matrimonial, ni siquiera una invitación a salir.

Después de un año viviendo en LA, ya la realidad me había golpeado lo suficiente para entender que mis antiguas ilusiones eran parte de una fantasía infantil.

Más adelante, tuve otra fantasía. Esta era más pequeña, el

resultado alteraría mucho menos mi vida, pero mi obsesión era casi la misma.

Quería un bolso Louis Vuitton.

Más específicamente, quería un bolso Louis Vuitton *Speedy*.

Para las que no estén familiarizadas, es uno de los clásicos de LV.

Es más o menos del tamaño de una pelota de fútbol americano, y en aquel tiempo costaba un poco más de mil dólares.

Mil. Dólares. Por un bolso del tamaño de mi cabeza.

Era ridículo, pero aun así lo quería. Lo quería porque representaba al tipo de mujer que soñaba llegar a ser.

Durante mi primer verano en LA, visitaba con frecuencia el Beverly Center. El Beverly Center es un centro comercial muy elegante, y en aquel tiempo lo único que podía pagar era el estacionamiento que costaba seis dólares. No obstante, aun así, miraba las vidrieras y soñaba con algún día. En uno de esos paseos fue que vi a la mujer más sofisticada que jamás hubiera visto, o por lo menos era la personificación de cómo yo esperaba lucir algún día. Su cabello se veía sedoso, el maquillaje era perfecto, su atuendo resultaba hermoso y en su mano llevaba un bolso Louis Vuitton Speedy. ¿Mejor aún? Ella había amarrado un pañuelo clásico alrededor del mango de aquel bolso, convirtiéndolo en el objeto más elegante que hubiera visto en la vida real. En aquel momento quedé convencida de la idea. Algún día tendría el porte y la elegancia de aquella mujer. Algún día sería la dueña de aquel bolso.

La codicié por años, pero sabía que era toda una fantasía. Mil dólares era una cantidad astronómica para gastar en algo tan frívolo, pero aun así me imaginaba lo que haría con aquel bolso. Me imaginaba dónde la usaría y cómo cambiaría el pañuelo según la temporada o para combinarlo con mi atuendo. Me imaginaba hasta el más mínimo detalle, y con el tiempo establecí un plan para lograrlo. Algún día, crearía una compañía, y algún día esa compañía tendría clientes reales que me pagarían muchísimo dinero. La primera vez que alguien me entregó un cheque de diez mil dólares por honorarios de consultoría, decidí que me compraría aquel bolso.

Para que sepan, esto me tomó muchos años.

Muchos años de apuros, de trajines y de abrirme paso como una planificadora de bodas de poca monta. Muchos años añadiendo proyectos a mi carpeta y clientes a mi lista. Muchos años cobrando setecientos cincuenta dólares, luego mil dólares, y después más. Cada vez que iba al centro comercial, pasaba por la tienda Louis Vuitton y miraba aquel bolso a través de la vidriera. En cada reunión y con cada contrato, mantenía mis ojos fijos en aquella visión. Por cada novia insoportable, o cada discurso de un padrino de bodas borracho, o cada noche recogiendo confeti de la alfombra del hotel para que mis clientes no perdieran su depósito, seguía pensando: *¡Me voy a comprar ese bolso Speedy!*

El día que recibí mi primer cheque con la cantidad de diez mil dólares, manejé directamente al banco... y después del banco, a la tienda Louis Vuitton en el Beverly Center. Nunca me había sentido tan orgullosa como cuando salí de aquella tienda.

Un bolso es algo bonito, y la obsesión con Matt Damon es... bueno, *interesante*, quizás. No obstante, ¿por qué traerlos a colación ahora? ¿Por qué contarte sobre esta ilusión rara y casual, o de este bolso con el que me obsesioné, cuando los otros capítulos tienen tanto peso y seriedad?

Porque creo que mi capacidad para imaginar mis sueños hasta el más mínimo detalle es una de las razones principales por las que he podido hacerlos realidad. En serio. No leas esa oración a la carrera. Detente en ella por un minuto. Gran parte de mi éxito está incorporado en mi imaginación. Y no me refiero a una imaginación tipo Tim Burton. Me refiero simplemente a la capacidad para escoger una fantasía y enfocarme en ella... a veces por años.

Una de las preguntas que me hacen con más frecuencia es cómo me mantengo motivada. Últimamente, he estado tratando de proponer ideas tangibles: rodéate de personas inspiradoras (tanto en la vida real como en las redes sociales); escucha podcasts motivadores; escucha música a todo volumen hasta que te sientas inspirada; descubre una fórmula que te motive y luego, repítela una y otra vez. Sin embargo, esto quizás pueda sonar a un consejo que hayas escuchado antes, entonces, ¿para qué repetir información que no retendrás? Prefiero concentrarme en lo que marcará una gran diferencia para ti, aun cuando pueda sonar algo extraño. Para mí, la gran diferencia fue visualizar un futuro bien específico.

El sueño de casarme con Matt Damon estuvo al borde de ser una locura... pero me llevó a Los Ángeles y me impulsó a buscar y luchar por un trabajo en Miramax Films, y esto luego me condujo tanto a mi profesión como organizadora de eventos como a mi futuro esposo. En ausencia de una dirección clara o una visión real, simplemente me imaginaba una. Me aferré a la idea de un futuro para así saber en qué dirección caminar. En el proceso, crecí y aprendí sobre mi destino, pero de no haber mantenido esa idea en mi cabeza, quién sabe a dónde habría llegado... o más importante aún, cómo hubiera escapado mentalmente de los momentos difíciles mientras todavía estaba metida en ellos. Cuando soñaba con aquel bolso, mis metas más grandes de ganar un salario decente y contribuir a la cuenta bancaria que compartía con mi nuevo esposo parecían abrumadoras. No parecían tangibles.

Sin embargo, descomponer la meta en pedacitos —en mi caso, la compra de un bolso— sí era realizable. Tomar decisiones es muy eficaz cuando estás persiguiendo un sueño, pero no es suficiente. Tienes que dedicar tiempo real a enfocarte en todo lo que puedas sobre ese sueño. ¿Cómo se ve? ¿Cómo se siente? ¿Cuántos detalles puedes imaginarte? ¿Cuán real puedes hacerlo en tu mente? Porque este es el asunto: mis metas son reales para mí. En mi mente, no existe ninguna duda ni pregunta en cuanto a poder alcanzarlas. Tengo una certeza absoluta; la misma que tuve con Matt y con aquel bolso ridículamente caro. El punto no es que, a la larga, el sueño se haga realidad o no; el punto es, ¿cómo diriges tu barco en el rumbo correcto? ¿Cómo te mantienes en curso aun cuando las aguas estén agitadas o el barco esté estrellándose contra las rocas? Lo haces manteniendo tus ojos en el horizonte.

En mi caso, mis fantasías fueron un intento de mantener mis ojos por encima de las olas. Cuando la vida era difícil y estaba turbia y complicada, tener una visión clara me dio algo en qué enfocarme. No puedo recomendártelo lo suficiente.

¿Tienes una meta en mente? Voy a repetírtelo: escríbela. Es en serio. ¡Escríbela! Imagínatela hasta el más mínimo detalle. Enfócate en ella siempre que puedas. ¿Cómo se sentirá estar saludable? ¿Cómo te quedará la ropa? ¿Qué tal tu trabajo soñado? ¿Cómo será tu primer día en esa compañía? ¿Y qué me dices del número cincuenta? ¿Qué podrás hacer en tu tiempo libre porque tienes ese puesto? ¿Serás mucho más feliz? También me gustan los elementos visuales. Los recordatorios visuales de mis metas actuales están pegados dentro de mi clóset, así cada vez que me visto (y lo hago diariamente, por si acaso), los veo como un recordatorio.

¿Cuáles son?

Sabía que me preguntarías.

Uno es la portada de la revista *Forbes* con las mujeres más importantes que llegaron a ser millonarias por esfuerzo propio. El segundo es una foto de una casa de vacaciones en Hawái. Ambas cosas han estado en mi lista de deseos por años... la casa, en particular, se siente maravillosa, pero difícil de alcanzar. Mi meta es ser dueña de ella cuando cumpla cuarenta años... o sea, tengo cinco años.

Amigas, no puedo decirte las veces que me he sentido cansada, desanimada o *lo que sea*, y he cerrado mis ojos imaginando mi fiesta de cumpleaños número cuarenta en esa casa soñada en Hawái. Mis amistades, mis hijos, mi esposo y mi familia estamos todos allí, y todos estamos bebiendo unos cocteles exquisitos. Tengo puesta un tipo de túnica hermosa... porque cuando ganas lo suficiente para comprar tu propia casa de vacaciones en Hawái, puedes ponerte lo que quieras y *por nada del mundo* voy a restringir mi cintura. Esa fiesta de cumpleaños y esa casa están muy claras en mi mente, y me ayudan a enfocarme cuando me siento decaída. A veces estas fantasías funcionan también como métodos de distracción.

Cuando estoy corriendo largas distancias o entrenando para una carrera, mi imaginación es una herramienta estelar a fin de enfocarme en otra cosa. Cuando entrené para mi primer maratón, mi única meta era simplemente llegar a la línea de llegada sin morirme. La próxima vez, la meta era correr esas trece millas más rápido que en la carrera anterior. Esto significaba entrenar a menudo y bien, saliendo en corridas largas y a cierto ritmo, y esforzándome al máximo. ¡Es algo difícil! ¡Y me dolieron músculos que no había usado desde los aeróbicos de los noventa!

Cuando corro, uso este truco para sobrevivir cualquier entrenamiento extenuante... y si quieres, puedes usarlo también. Es absolutamente ridículo y hasta algo vergonzoso, pero me funciona *siempre*. Me parece que Mindy Kaling acuñó la frase *fantasías de cardio*, es decir, la forma en que inventa historias para entretenerse mientras hace ejercicios. Si no fue ella, por favor, alguien registre la marca bajo mi nombre y la convertiré en mi próximo libro y en una línea de ropa para hacer ejercicios.

Mi fantasía de cardio es el gran sueño loco en el que de modo habitual me imagino durante una sesión de ejercicios particularmente difícil. A veces la música en mis auriculares puede llevarme hasta el final, pero cuando las cosas se ponen difíciles, la fuerte (yo en este escenario) se imagina vacacionando con George Clooney en su casa en el lago Como.

Ríete de mí todo lo que quieras, pero he descubierto que mientras más descabellada sea la fantasía de cardio, más tiempo pasa sin que me percate de que mis cuádriceps están gritando.

¿No tienes tu propia fantasía de cardio? Toma prestada una de las mías. Estas son mis favoritas. (¡Estoy hablando en serio!) Tal vez pienses que intento ser graciosa, pero te juro por el poder de *Grayskull* que realmente estoy pensando en esto:

Soy la mejor amiga de mi heroína. Lo sepas o no, soy la
aficionada de libros más grande que hayas conocido en toda
tu vida. Ni siquiera comiences una conversación sobre un
libro conmigo a menos que de verdad quieras llevarla al
nivel cinco, porque haré el ridículo. No existe una autora
en la tierra que me gustaría conocer más que a Deborah
Harkness. Y como soy súper nerd, también sé que ella no
vive demasiado lejos de donde corro todas las semanas. Me
gusta imaginarme un escenario detallado donde ella está
caminando en mi ruta y yo la reconozco, y básicamente nos
convertimos en mejores amigas y nos reunimos todas las
semanas para caminar y discutir los detalles complicados de
su próximo libro.
Estoy de vacaciones con algunas celebridades. No estaba
bromeando sobre George Clooney. Me gusta imaginar que

soy parte de una gran colección de parejas célebres y que todas estamos vacacionando en algún lugar maravilloso.

En esta misma escena, mi pelo siempre está lustroso y mi maquillaje tiene un toque de rocío especial, tipo J. Lo. Cocino la cena para todo el mundo y, sorprendentemente, hasta a las estrellas de cine súper delgadas les gustan los rollos de carne y los guisos. Me preguntan dónde pueden comprar mi libro de cocina, y todos me aman, porque para ser una personalidad con influencia y multimillonaria de los medios de comunicación, asombrosamente, tengo los pies bastante en la tierra.

Me encuentro cantando en un escenario con Lionel Richie. Tengo mucha música de Lionel Richie en mi iPod, así que esto fue algo así como una fantasía obligada. En una gran fiesta para celebrar mi cumpleaños (digamos que la de los cuarenta en Hawái), Lionel es un amigo de mucho de tiempo de la familia que me sorprende con una presentación. En algún momento, me llama al escenario y cantamos juntos... En la vida real no canto bien, pero en este escenario soy un éxito total cantando «Dancing on the Ceiling». Más tarde, como un bis, cantamos «Hello» en un dueto inolvidable, el cual muchos años después mis amigas todavía recuerdan y me comentan: «Cielos, Rachel, ¿te acuerdas de aquella vez en que tú y Lionel cantaron "Hello"?».

Ryan Gosling o algunos de los hermanos Hemsworth. Soy demasiado inexperta para tener fantasías reales con estos muchachos, pero sí me gusta soñar sobre una situación en la que luzco impecable y soy tan súper graciosa e ingeniosa que uno de estos sementales no puede evitar coquetear conmigo. El decoro me obliga a decirle a Ryan/Chris/Liam que estoy felizmente casada, pero el sueño de la situación estará conmigo hasta que tenga noventa años.

155

Algunas fantasías sirven para ayudarnos a alcanzar nuestras metas. Otras fantasías son triviales, pero nos dan algo en qué pensar. Si me preguntas, todas son valiosas. ¡Y tus fantasías serán distintas a las mías! Quizás encuentres la cura para una enfermedad extraña o te sientes a cenar con Oprah. Tal vez hables de política con Roosevelt o te midas vestidos con Edith Head. El punto es no pensar en el reto que tienes ante ti; mantener tus ojos por encima de las olas.

Así que deja de reírte porque soy una nerd y encuentra la motivación que necesitas para salir hoy allá afuera y hacer algunas movidas.

LAS COSAS QUE ME AYUDARON...

1. *Escribí mis metas.* No puedo enfatizar esto lo suficiente: en lo que respecta a establecer metas, es imprescindible que escribas todo. Bueno, tal vez no tengas que escribir las que están relacionadas con Matt Damon (era una adolescente, ¿de acuerdo?), pero si estás soñando con algo para ti, escribir físicamente las palabras resulta muy poderoso.

2. *Pronuncié mis metas en voz alta.* Identificar tus metas es también importante, porque a menudo nos cuesta trabajo hasta reconocerlas para nosotras mismas. Asegúrate de que cuando le pongas nombre a las tuyas, lo hagas de una forma poderosa. Di: «Voy a obtener mi maestría en psicología industrial», en vez de: «Trataré de regresar a la universidad». Manejo por toda la ciudad repitiendo mis metas en mi auto, donde nadie puede escucharme. Las anuncio como proclamaciones... como si fuera solo cuestión de tiempo antes de que se hagan realidad.

3. *Creé un tablero de visión.* Las fotos dentro de mi clóset significan mucho para mí. Me recuerdan constantemente hacia dónde quiero ir, y una ayuda visual puede ser muy útil para aquellas mujeres que no piensen que tienen una buena imaginación. Usa los elementos visuales de otra persona para que te ayuden a organizar tus sueños en tu mente.

CAPÍTULO 14

La mentira:

SOY UNA PÉSIMA ESCRITORA

Después de que publiqué mi primer libro, *Party Girl*, ocasionalmente (léase, cada once segundos) leía los comentarios de la gente en Goodreads a fin de saber lo que las personas estaban diciendo sobre el mismo. Como soy una gran *nerd* de libros que devora las críticas en línea para añadir obras a mi lista de lecturas pendientes, ¡me emocionaba *muchísimo* leer las críticas de otras personas sobre *un libro que yo había escrito!* Era un tremendo incentivo para mí —en especial porque estaba batallando con la redacción de la secuela— ver los lindos comentarios de las lectoras. Lloré más de una vez cuando leía cómo alguna dulce admiradora explicaba exactamente por qué le gustaban mis personajes, y todo lo que pensaba era: ¡Sí! ¡Eso precisamente esperaba que vieras en ella! Viví por meses en este mundo de ensueño. Francamente, ni siquiera sabía que existía otra realidad. Entonces, un día, terminó de repente.

Recibí mi primera crítica negativa.

Es difícil explicar exactamente cómo me sentí cuando vi que alguien le dio dos estrellas a mi trabajo... pero lo comparo con un golpe en el estómago, después en la cara y después otra vez en el estómago. Así entré en las etapas iniciales de lo que me gusta llamar «el dolor de la crítica». La primera, por supuesto, es la negación. Leí la crítica y luego la releí. Resulta que, sin importar cuántas veces la leyera, ella seguía pensando que mi trabajo era «trillado» y «ridículo». ¿Y después? En las etapas del duelo en la vida real vendría la ira, pero en *el dolor de la crítica*, al menos para mí, creer lo malo era mucho más fácil que creer lo bueno. ¡No! Nada de ira para mí... pasé directo a la negociación. La primera idea en mi cerebro complaciente fue comentar y tratar de hacerle entender mis intenciones con el libro. ¡Mejor aún, quizás hasta podría encontrar una manera de ser su amiga! Porque, sin duda, si nos relacionábamos a través de las redes sociales y luego nos convertíamos en las mejores amigas cibernéticas, *entonces* ella me llegaría a conocer y, por consiguiente, entendería mejor mi forma de escribir. Seguramente así no le hubiera desagradado tanto.

Me sentía enferma del estómago cuando llegué a la última etapa del dolor de la crítica: la aceptación. Decidí que, si esta mujer desconocida tenía razón, quizás todas las demás no hubieran sido tan duras con mi libro debido a que era mi primera novela. Tal vez *esta persona* sí era una mejor jueza y yo era, en realidad, una pésima escritora.

Iba en espiral.

En medio de todo esto, escuché esa vocecita en mi cabeza que me ayuda en los momentos de locura. No, no era Dios ni Pepito

Grillo, ni siquiera era mi voz interna. La voz en mi cabeza era la de mi terapeuta, Denise. Dios la bendiga.

Hace años, Denise le dijo a una versión de mí más joven y mucho más ansiosa: «La opinión que tenga otra persona de ti no es asunto tuyo».

LA OPINIÓN QUE TENGA OTRA PERSONA DE MÍ NO ES ASUNTO MÍO.

La opinión que tenga otra persona de *ti* no es asunto *tuyo*. Esas palabras son muy poderosas para cualquiera que tienda a valorar más las opiniones de los demás; y nunca tienen más validez que cuando estamos creando algo. Tal vez sea un libro, un blog, una compañía, una obra de arte o tu sentido de la moda. Cuando estás creando algo que nace en tu corazón, lo haces porque *no* hacerlo no es una opción. Lo produces porque crees que tu creación merece salir al mundo. Trabajas y trabajas, y después cierras tus ojos, cruzas los dedos y esperas que encuentre su reconocimiento. Sin embargo, esta es la verdad sobre esa creación mágica y mística: la estás creando porque tienes una capacidad dada por Dios para hacerla. Creas como un regalo para ti misma y para ese poder supremo que te bendijo con esas capacidades. Sin embargo, no puedes *obligar* a la gente a que le guste o la entienda.

Tienes que estar dispuesta a exponerla al mundo, aunque no les guste. Aunque la detesten. Aunque le den dos estrellas o ninguna. Tienes que entender que cada persona en la tierra tiene una opinión, y su opinión —aunque sea la persona más reconocida en el asunto— solo tiene relevancia en *tu* trabajo si tú lo permites. Una crítica negativa no me hace una pésima escritora. ¿Puedo escribir pésimamente?

¡Oh, *seguro que sí*!

El primer (segundo y tercero) borrador de todo lo que escribo es básicamente basura. Si me negara a aceptar la crítica constructiva de una editora confiable, si no me esforzara por desarrollarme como escritora, si regurgitara la misma historia una y otra vez, o peor aún, si tratara de imitar el estilo de otra persona... entonces sí existiría una alta probabilidad de que mi trabajo fuera pésimo. No obstante, concluir que algo es malo simplemente porque a otra gente no le guste ni lo entienda es una teoría que no puedo avalar.

El arte y la creatividad son muy subjetivos, y *caramba*, ya es bastante difícil encontrar el valor y el empuje para terminar cualquier cosa. Así que, amiga, si vas a trabajar con tanto empeño en un proyecto, ¿realmente quieres permitir que algo tan endeble como una opinión lo tire al suelo?

Como artista o creadora, tienes que decidir. Precisas elegir un camino o vivir el resto de tu vida matando poco a poco tu capacidad para hacer un excelente trabajo por miedo a lo que otras personas puedan pensar. Tienes que decidir que te importa más crear tu magia y exponerla al mundo que pensar en cómo la recibirán.

Decir esto es mucho más fácil que hacerlo.

Estoy sentada escribiendo este capítulo en mi cafetería local favorita, y ya he chequeado mi otro navegador aproximadamente treinta veces. Esta mañana publiqué un artículo en un sitio web con el que he colaborado por años. Sin embargo, hoy decidí hablar sobre un tema algo controvertido; o por lo menos, no se trata de lo que típicamente publico allí. Y ahora me estoy preguntando: ¿Habrá alguien que lo entienda? ¿Encontrará una lectora o una audiencia? O peor aún, *¿Enojará a alguien?*

Aun cuando llevo años exponiéndome allá afuera, todavía caigo en la trampa de que quizás sea una pésima escritora o de si debo crear *o no* basándome en si tengo una audiencia. Comienzo a creer que necesito la opinión pública para validar mi deseo de hacer algo, cuando la verdad es que debo acoger mi creatividad porque es una capacidad que he recibido de Dios. Cada vez que intente algo nuevo, tendré que pelear contra el deseo de confirmar si será aceptado para poder seguir adelante. Y como anticipo ser creativa y tratar cosas nuevas mientras tenga vida, esto puede significar décadas en las que ocasionalmente me sienta atrapada por ansiedades inútiles.

¡Qué desperdicio de energía!

¿Preferiría reprimir mis ideas y pensamientos creativos? No. Espero que estos encuentren una audiencia... aun cuando solo resuenen con un puñado de personas. Así que tendría que preguntarme, ¿estoy dispuesta a arriesgarme a recibir una respuesta negativa si mi trabajo resuena positivamente con otras personas? ¿Y qué tal si solo una persona lo entiende y el resto lo detesta? ¿Y qué tal si no le gusta a nadie?

¿Valdría la pena incluso así?

Sí.

La respuesta es rotunda. Prefiero exponer mi trabajo independientemente de cuál sea el resultado. Prefiero crear como una celebración de que tengo la capacidad para hacerlo.

Para mí, la respuesta es crear. Esa es *siempre* la respuesta. Mi forma personal de crear es escribir... especialmente escribir palabras que espero que otras personas disfruten.

Así que tengo dos opciones: puedo escribir palabras, exponerlas al mundo y esperar que encuentren su audiencia. O puedo esconder mi luz debajo de la mesa por miedo a que mi resplandor no le guste a alguien.

Esta es mi elección.

Elijo sentarme a escribir en cafeterías, aeropuertos y el mostrador de mi cocina. Elijo rebuscar unos minutos entre la práctica de fútbol, o antes del amanecer o mucho después de que todo el mundo en la casa esté durmiendo para escribir, escribir y escribir hasta ensartar suficientes oraciones a fin de tener un libro.

No tengo la menor idea si te gustará o no.

Obviamente, espero que te encante y que compres cien ejemplares para todas tus amigas. Sin embargo, incluso si no lo haces, yo voy a seguir aquí.

Comencé sola en este escritorio, sin una audiencia que leyera mi trabajo. Estaré aquí mientras las palabras permanezcan revoloteando en mi cabeza, no importa si haya o no alguien para recibirlas.

———

Cuando era pequeña, pasaba todos los domingos (y casi todos los otros días también) en la pequeña iglesia Primera Asamblea de Dios, donde mi papá era pastor. Nuestro servicio de alabanza incluía a mamá en el piano y un puñado de panderetas regadas por el santuario. Estábamos simultáneamente fuera de tono y en una armonía a tres voces de una forma que solo puedes encontrar en una pequeña iglesia campestre.

Según fui creciendo, experimenté la melodía sosegada de una congregación presbiteriana grande, la alegría de un coro góspel de un centro urbano y los efectos teatrales de una mega iglesia. Asistí a diminutas reuniones de oración en Etiopía donde no podía entender ni una palabra, pero *sentía* cada una de ellas. Pasé horas y horas de mi vida cantando y aplaudiendo en la iglesia, y he llegado a esta conclusión: escribir —para mí— es una forma propia de adoración.

La definición de *adoración* es «la expresión de reverencia o culto a una deidad». La mejor expresión de reverencia en la que puedo pensar es crear, porque reconozco que el deseo de *hacer algo* es un regalo de parte de Dios. La libertad para separar el tiempo y tener un lugar seguro a fin de crear ese arte son bendiciones del más alto nivel en un mundo donde tantas personas no tienen ninguna de las dos cosas. Cada vez que me deleito en el arte de crear sin preocuparme por lo que el público pensará resulta una artesanía en su forma más pura, y esa artesanía puede ser cualquier cosa. Para mí es escribir. Para ti podría ser pintar, coser edredones o tomar una clase de ballet un jueves en la noche. El que algo sea bueno o no, sea valioso o no, está sujeto a la interpretación, pero si no te preocupas por las interpretaciones de otras personas, entonces todo lo que haces es *fantástico*.

Me gustaría que recordaras esto en tu propia vida y crearas para *ti misma*. *Hazlo* como una celebración de tu capacidad para hacerlo, independientemente de lo que piensen los demás.

LAS COSAS QUE ME AYUDARON...

1. *Dejé de leer las críticas.* Esto es importante, amigas. No tengo la menor idea de lo que piensas sobre nada de lo que he escrito desde aquella crítica negativa de *Party Girl* hace muchísimos años. Quizás te encanten mis libros, o quizás los uses como leña para encender la chimenea... de cualquier manera, eso no afecta mi deseo de seguir escribiendo. Todas estamos sujetas a las críticas, aunque solo sea que pidas la opinión de tu hermana criticona y luego te sientas destrozada por su respuesta. Haz algo atrevido este año y deja de «leer» tu versión de las críticas.

2. *Escribo para mí.* Escribo libros de ficción sobre niñas que se enamoran en Los Ángeles. Escribo libros de cocina sobre salsas con distintos quesos. Y aquí estoy ahora, escribiendo un libro de no ficción sobre las luchas y los triunfos en mi vida. Esto no tiene ningún sentido. Los autores escriben en uno o dos géneros literarios y establecen influencia en un puñado de

áreas. El asunto es este: escribir es mi arte, mi desahogo creativo. Literalmente, es el sueño de toda mi vida hecho realidad y, por lo tanto, para mí es sagrado. Nunca ha sido, ni nunca será, mi trabajo. No necesito que produzca dinero para que sea valioso. Esta es una distinción importante para mí, porque no quiero que las decisiones creativas que esté tomando se basen en el dinero o el negocio, en vez de en lo que sea que esté en mi corazón y mi cabeza. Si está a tu alcance mantener un aspecto de tu creatividad solo para ti, es realmente una bendición.

3. *Disfruto las cosas sencillas.* Coloreo con mis chicos. Dibujo con tiza en la acera. Miro vídeos en YouTube sobre cómo maquillar mis ojos de forma brillante y sensual, y trato de hacerlo aunque no tenga que ir a ningún lado. Disfruto las actividades triviales y creativas que no tienen ningún propósito real, excepto la alegría de hacerlas.

CAPÍTULO 15

La mentira:

JAMÁS SALDRÉ DE ESTA

Como estoy hablando de las situaciones difíciles que he enfrentado y conquistado a lo largo de mi vida, sería negligente pasar por alto lo único que pensé que jamás superaría. Cualquiera que haya pasado por algo realmente traumático, independientemente de cómo se hayan manifestado las repercusiones, merece escuchar que no está solo.

Existen muchos tipos de trauma —grandes, pequeños, de la niñez, de adultos— pero todos pertenecemos a un club al que nunca le solicitamos la membresía. Así que encontramos solidaridad en los números, en escuchar las historias de otras personas... y esta es la mía.

Mi hermano mayor, Ryan, era divertido e infaliblemente bondadoso. Tenía una capacidad casi prodigiosa para tomar un instrumento musical y aprender a tocarlo de oído en el transcurso de un día. Era guapo. No lo sabía entonces, porque era más pequeña y no pensaba en esas cosas, pero cuando ahora miro las fotos y veo su sonrisa orgullosa y sus deslumbrantes ojos azules, me doy cuenta de lo buen mozo que era. De pequeña, él era mi mejor amigo y mi constante compañero de juegos. En mi memoria, todavía puedo vernos claramente a los dos jugando hasta tarde en nuestro cuarto el juego del abecedario: «Me llamo Carla. Me voy a California a vender Calabazas. Me llamo David. Me voy a Delaware a vender Donas...».

De adolescente, él era mi protector. Ryan me enseñó cómo manejar a los bravucones en la escuela, cómo pegar con el puño, y cómo introducirme un fideo *ramen* por la nariz y sacarlo por la boca. Él no era necesariamente mejor ni peor que cualquier otro hermano mayor, pero era mío y lo amaba. Fue mi hermano mayor hasta que yo tenía unos doce años, y entonces su enfermedad mental tomó el control.

Se quitó la vida antes de yo cumplir quince años.

Sé que la realidad de esa oración es muy pesada. Pero aquí estoy, reconociendo lo peor de lo peor... la horrible verdad de la enfermedad de mi hermano y la destrucción familiar que dejó a su paso.

No conozco otra manera de llevar a cabo esta conversación sin lidiar con mi dolor. No conozco ninguna otra manera de ofrecerles solidaridad a otras personas que han atravesado sus propios traumas sin describir el mío. No mucha gente quiere decirte que un miembro de su familia estaba al límite de la esquizofrenia. No mucha gente quiere contarte que su hermano estaba seriamente deprimido, que era obsesivo compulsivo, visitaba a varios médicos y tomaba muchísimos medicamentos para estabilizar sus estados de ánimo antes de que tuviera edad suficiente para tener su permiso de conducir.

Muy poca gente te diría que, en su peor momento, mi hermano mayor tuvo acceso a un revólver y dejó que fuera yo quien descubriera su cuerpo.

No quiero contarte sobre las pesadillas que siguieron ni el miedo paralizante que experimenté. Por muchos años supuse que cada persona dormida, cada persona sentada, cada persona inmóvil que veía también estaba muerta. No quiero contarte sobre cómo, cuando algunos familiares bienintencionados vinieron a limpiar su cuarto, cubrieron las manchas de sangre en la pared con la única pintura que encontraron a mano aquel día. No quiero contarte sobre esto porque todavía hoy en día se me revuelve el estómago cuando veo pintura plateada en aerosol. No quiero hablarte acerca de las imágenes horribles que están grabadas en mi cerebro, ni del sentido de culpa que todavía siento hoy en día debido a que estaba demasiado asustada para sentarme junto a su cuerpo en lo que llegaban los paramédicos. No quiero contarte sobre todas las sesiones de terapia en las que tuve que sentarme como una niña asustada de catorce años, o como una adolescente rabiosa de diecisiete, o como una mujer adulta que luchaba con la idea de que necesitaba compensar la diferencia por su pérdida. No quiero contarte sobre las veces que he planificado obsesivamente el funeral de mi esposo o de mis hijos como un mecanismo de defensa enfermizo por miedo a que algo pueda ocurrirles también a ellos.

No quiero contarte sobre ninguna de estas verdades escondidas, oscuras y horribles... pero voy a hacerlo. Te hablaré sobre mi trauma con algunos de sus grotescos detalles, porque quiero que sepas que hubo un tiempo en que pensaba que no iba a salir de esta. Hubo un tiempo en que aun con todo mi futuro por delante, todo lo que podía ver era sangre y miedo y pérdida.

Sin embargo, todavía estoy aquí.

Y tú también.

Todavía estoy aquí, ya que no voy a permitir que algo o alguien decidan lo que puedo tener. Todavía estoy aquí, ya que no voy a permitir que mi trauma tenga la última palabra. Todavía estoy aquí, ya que no voy a permitir que una pesadilla tenga más poder que mis sueños. Todavía estoy aquí, ya que no permití que el tiempo difícil me hiciera débil; quise que me hiciera fuerte.

Recientemente vi el documental *I'm Not Your Guru* [Yo no soy tu gurú] de Tony Robbins, y en él decía: «Si vas a culpar a tus momentos difíciles por todo lo malo que hay en tu vida, ¡mejor es que los culpes también por lo bueno!». Me sorprendió tener ahora algo tangible para explicar cómo me he sentido con respecto a la muerte de mi hermano. No se supone que reconozcas las cosas buenas que salen de un trauma... hay algo perverso y enfermizo en ello. Parece incorrecto buscar algún aspecto positivo, porque eso significa agradecer algo terrible que te ocurrió. No obstante, ahora reconozco que si no buscas lo bueno que salió de todo lo que has vivido, entonces todo es en vano.

Daría casi cualquier cosa por tener a mi hermano aquí con nosotros... disfrutándolo pleno y sano. Perderlo resultó tan devastador que hubiera sido fácil dejar que esto me destruyera. Lo que sucedió con mis nervios, mi sueño, mi sentido de seguridad, y peor aún, mi sentido de confianza por haberlo visto de aquella manera pudo haberme paralizado totalmente. En cambio, le di vuelta a la narrativa dentro de mi mente. Incluso cuando era adolescente solía pensar: *Rachel, tú puedes hacer esto. Puedes hacer cualquier cosa. ¡Solo piensa en lo que ya has vivido!*

Cuando me mudé a Los Ángeles a los diecisiete años, donde no conocía nada ni a nadie y apenas podía sobrevivir, me negué a ceder ante el miedo. Dormir en un apartamento destartalado, mantenerme viva con comida de la tienda de noventa y nueve centavos, así como el hecho de apenas poder pagar mi alquiler, eran cosas que realmente nunca me asustaron demasiado. Ya había sobrevivido a un terror real y distinguía la diferencia.

Cuando llegué a la hora cincuenta y uno en el proceso de parto de mi primer bebé, y me sentía débil y extenuada, mi monólogo interno me recordó lo fuerte que era. *Fuiste forjada en un fuego peor que este... ¡Has estado frente a la muerte, y sin duda eres lo suficiente fuerte para traer esta vida al mundo!* He corrido maratones. He creado compañías. Personal y profesionalmente, he llegado mucho más lejos de lo que otras personas pensaron que sería posible. Y todo el tiempo supe que era capaz de hacerlo porque ya había sobrevivido lo peor. Si no has pasado por nada difícil, quizás la idea te parezca obtusa y hasta maquiavélica.

Sin embargo, ¿cuál es la alternativa? Nos tocó vivir algo terrible, ¿y eso es todo? ¿Se acabó? ¿Permitimos que las experiencias más difíciles y horribles de nuestras vidas coloreen todo lo demás?

No puedes ignorar tu dolor. No es posible dejarlo completamente atrás. Lo único que puedes hacer es encontrar la forma de aferrarte a lo bueno que sale de ello... aunque te tome años descubrir qué es.

Perder a mi hermano fue lo peor que me haya sucedido en la vida... pero no *define* mi vida. Tú puedes sobrevivir a algo que saque a tu mundo de su eje. Puedes sobrevivir a perder un pedazo de tu corazón sin perder la esencia de quién eres. Y más que meramente sobrevivir a la pérdida, puedes crecer. Puedes hacerlo porque es lo que mereces. Sobre todo, puedes sobrevivir a la pérdida porque vivir es el honor más grande que puedes rendirle a la persona que perdiste... incluso si la persona que se fue era la versión más joven e inocente de ti misma.

El camino para atravesar la dificultad o un trauma extremo es una de las cosas más difíciles que pueda enfrentar un ser humano. Pero no te equivoques: la única forma de hacerlo es *enfrentándolo*.

El dolor y el trauma son un torbellino violento, y te llevarán al fondo si no luchas por mantenerte a flote. Habrá momentos, especialmente al principio, cuando necesitarás hasta la última onza de tus fuerzas para mantener tu cabeza sobre esas olas.

No obstante, *tienes* que mantener tu cabeza por encima de las olas. Resulta muy difícil, pero eres fuerte. Aunque no lo sientas en el momento, el simple hecho de que todavía estés respirando significa que estás peleando contra la corriente que quiere arrastrarte. No lo permitas. Te prometo que, con el tiempo, se hace más fácil mantenerte a flote, y al final aprenderás a nadar contra la corriente. La fricción que enfrentarás desarrollará tus músculos, tus huesos, tus fuerzas... esta jornada le dará forma a lo más profundo de tu ser. Ciertamente es lo más difícil que hayas enfrentado... pero a causa de ello saldrás más fuerte de lo que jamás hayas imaginado. Tienes que hacerlo. De otra manera, ¿cuál fue el propósito?

En mi inocencia, solía decir que «todo sucede por alguna razón». Sin embargo, lo hacía porque todavía no había vivido algo que fuera lo suficiente horrible como para cuestionar la idea. No creo que todo ocurre por una razón específica, pero sí creo que es posible encontrar un propósito... aun ante la ausencia de una explicación.

LAS COSAS QUE ME AYUDARON...

1. *Ir a terapia*. Sé que ya lo mencioné, pero en este caso, merece la pena repetirlo. Ni siquiera puedo imaginar cómo hubiera sobrevivido a todo esto sin la ayuda de una terapeuta confiable. El proceso no fue divertido ni fácil, y a menudo detesté sentarme en un sofá semana tras semana y revivir el trauma; pero si no hubiera hecho ese trabajo, todavía estaría agobiándome.

2. *Hablar del tema.* No solo con una terapeuta, sino con por lo menos otra persona en la que confíes. Cuando nos casamos, me senté una noche con Dave y le conté todo sobre el día en que Ryan murió. Algunos detalles que se habían quedado encerrados en mi cabeza por seis años cayeron todos en el espacio sagrado entre nosotros. Él no trató de arreglar las cosas, ni organizarlas ni ajustarlas de ninguna manera. Dave me escuchó, y al hacerlo tomó voluntariamente mi dolor y lo guardó dentro de él, y la carga se hizo más liviana.

3. *Obligarme a pensar en esto.* Justo después de que Ryan murió, luché realmente con las pesadillas y la obsesión por las imágenes en mi cabeza. Un terapeuta extremadamente sabio me sugirió que todos los días marcara cinco minutos en un cronómetro y luego me obligara a recordar hasta que se acabara el tiempo. Pensé que estaba loco. No obstante, resulta que algo acerca de saber que pensaría en esto más tarde durante un momento determinado le dio a mi cerebro la paz para no repetirlo una y otra vez. También significó que me sentí en control de mis pensamientos de nuevo. Estoy muy agradecida por este sabio consejo, y se lo he dado muchas veces a otros sobrevivientes de traumas. Hasta lo escribí en mi libro de ficción *Sweet Girl* como el consejo que Max recibe de su mejor amiga. En realidad, simplemente escribes de lo que sabes.

CAPÍTULO 16

La mentira:

NO PUEDO DECIR LA VERDAD

¿Tengo el valor para contarte toda esta historia?

Eso es lo que me estoy preguntando incluso mientras escribo estas palabras. Desde hace días, en los momentos en que mi mente está dando vueltas con todas las preguntas y los «¿qué tal si...?», me he preguntado cómo explicaré todo esto... Cómo *podría* contarte esta historia.

¿Sinceramente? No quiero hacerlo.

Quiero mantenerla cerca de mi corazón, para esconderla con la esperanza de que me duela menos si permanece oculta. No obstante, entonces entiendo que cuando las cosas están escondidas, le damos poder al miedo, la negatividad, las mentiras. No quiero dejar que eso suceda. Anhelo muchísimo ser sincera sobre nuestra experiencia... más que nada, porque no sabía que esta experiencia era siquiera una posibilidad y porque me gustaría haberla entendido realmente.

¿Hubiera cambiado esto nuestras decisiones?

No estoy segura. Sin embargo, la esperanza de que siendo sincera sobre lo que le sucedió a nuestra familia pueda fortalecer o informar a otras posibles familias adoptivas es lo que me motiva a escribir estas palabras. Espero tener el valor para incluirlas en este libro, porque sinceramente, después de crear una carrera basada en la honestidad total... tengo mis dudas sobre decirte esto ahora.

Pero aquí voy.

Cuando estaba embarazada con nuestro hijo Ford, decidimos que algún día adoptaríamos a una niñita. Como cristianos, somos llamados a cuidar de los huérfanos, las viudas y los oprimidos. Esto no es solo un puñado de palabras en la Biblia; son los dogmas de mi fe. Y así comenzó la investigación de nuestras opciones y nos decidimos por una adopción internacional. Nuestro razonamiento —y al mirar en retrospectiva no se me escapa la ironía— consistía en que nos asustaba la participación de los padres biológicos. En aquel tiempo éramos muy ingenuos sobre muchísimas cosas, pero nuestro temor era que los padres biológicos quisieran regresar al escenario y reclamar a la bebé. Razonamos que, si nos separaba un océano, esa situación sería imposible. A la larga, restringimos nuestra búsqueda a Etiopía.

Recuerdo que me sentí abrumada con el papeleo, las pruebas de sangre, las visitas en la casa. No tenía idea de que estábamos justo al inicio de una jornada que duraría casi media década. De manera que, sin una verdadera perspectiva, planificaba y soñaba y esperaba noticias de nuestra agencia de que estábamos moviéndonos poco a poco hacia el tope de la lista. Estuvimos en el programa de adopción etíope por dos años.

Hacia el final del segundo año nos informaron que Etiopía estaba haciendo una «pausa» en su programa de adopción, y nuestra agencia nos dijo que consideráramos cambiarnos al programa de otro país. Me sentí paralizada sobre qué hacer. Cambiar a un nuevo país significaba comenzar todo otra vez. Nuevo papeleo, nuevas reuniones, nuevas listas de espera... Yo creía que Dios nos había llamado a Etiopía, y creía que, si nos manteníamos fieles, él abriría un camino. Decidimos permanecer en el programa. Todos los meses recibíamos un mensaje de la agencia.

Aún no hay movimiento.

La oficina gubernamental que maneja las adopciones sigue en receso.

Sin noticias.

Seis meses más tarde suspendieron por completo las adopciones hacia los Estados Unidos.

Me sentí aturdida e insegura. Si Dios nos había llamado a esto, y si el esfuerzo, el dolor y el miedo no habían dado resultados, ¿cuál había sido el propósito? Todos mis sueños sobre el viaje a África como familia para conocer a nuestra hija me hicieron sentir como una tonta al mirar en retrospectiva. Por primera vez me hice preguntas que surgirían continuamente a lo largo de los próximos años: ¿Debemos seguir tratando de adoptar? ¿Debemos simplemente sentirnos contentos *por la increíble bendición que recibimos con nuestros tres hijos? ¿Nos debemos dar por vencidos?*

Por naturaleza, no soy alguien que le dé muchas vueltas a un problema. Tampoco soy alguien que se dé por vencida. Comencé a orar y a investigar y a rastrear la Internet para ver lo que debíamos hacer.

Tal vez se suponía que adoptáramos domésticamente... Quizás habíamos pasado por todo esto porque el propósito siempre había sido que adoptáramos a nuestra hija en Estados Unidos y ella todavía no había nacido. Esa respuesta se sintió bien, así que seguí investigando un poco más.

Mientras más miraba lo que había disponible, más me convencía de que debíamos adoptar del programa de hogares de acogida. Sentimos un llamado a Etiopía porque tienen una crisis de huérfanos implacable, y pensamos que podríamos ayudar allí de alguna manera. Lo mismo me ocurrió con el programa de hogares de acogida.

Había muchos niños en el condado de Los Ángeles que necesitaban amor y cuidados, y nosotros podíamos ofrecerles ambas cosas en abundancia. En Los Ángeles, primero tienes que comprometerte con el programa de hogares de acogida antes de que te incluyan en el programa de adopción. Al principio, estábamos aterrados por lo que esto significaría para nuestra familia y cómo afectaría a nuestros niños. No obstante, luego decidimos que valía la pena exponerlos a esta realidad y mostrarles cómo podíamos ayudar tangiblemente a otras familias que nos necesitaban.

Entramos en el sistema como hogar de acogida con miras a la adopción.

Lo que no entendíamos en aquel momento era lo difícil que resultaría esa jornada. No sabíamos que nos seleccionarían para cuidar de una bebé médicamente frágil y que el departamento no tenía conocimiento de su extrema necesidad médica. Tampoco sabíamos que nos llamarían tres días después de haber recibido a la bebé y nos rogarían que aceptáramos a su hermanita de dos años... en cuestión de días crecimos de una familia de cinco a una familia de siete. No entendíamos la danza delicada del manejo de una relación con los padres biológicos, los cuales eran en muchos sentidos niños también. Personalmente, no entendí lo traumático que sería para mí cuando, a la larga, se llevaron a las niñas tres meses más tarde.

Lloré la pérdida de las niñas de acogida y traté de entender lo que ahora sabía sobre este sistema roto. Pensé que pasarían meses antes de recibir una llamada para una adopción.

Llegó treinta y cuatro días más tarde.

Estaba trabajando en mi oficina cuando recibí un mensaje de nuestra trabajadora social. El encabezado decía: ¿Gemelas?

Nunca habíamos anticipado recibir gemelas. Ni siquiera estábamos registrados para dos bebés, pero aparentemente el hecho de haber aceptado a la segunda bebé en nuestro proceso de hogar de acogida había posibilitado que nos consideraran.

No nos dijeron mucho sobre ellas. Las niñas tenían tres días de nacidas, habían sido abandonadas en el hospital por su madre... y teníamos treinta minutos para decidir. Nos sentamos juntos en el teléfono y lo discutimos, mientras nos moríamos de los nervios. ¿Gemelas recién nacidas? ¿Podríamos arreglárnoslas? ¿Estábamos listos después de haber experimentado recientemente nuestra pérdida en el programa de hogares de acogida? Oramos, y al final, llamamos a la trabajadora social y pronunciamos el sí más grande de nuestras vidas.

Después de cuatro años esperando una llamada de adopción, casi no dormimos aquella noche. Nos pasamos horas pensando en nombres. Estábamos tan emocionados que no probamos bocado el día que fuimos a buscarlas. En el hospital, creí que podría estar enferma mientras esperaba que nos trajeran a las bebés. Y luego, allí estaban... tan lindas, pequeñitas y hermosas que me sentí la persona más afortunada en el mundo entero porque eran nuestras. Ciertamente, sabíamos que en este programa de hogar de acogida con miras a la adopción habría obstáculos e impedimentos, pero la historia que nos contaron sobre ellos nos llevó a creer que la posibilidad de reunificación era mínima. Las llevamos a casa y pasamos días sin dormir, ya que... bueno, eran gemelas recién nacidas. Pero no nos importó. Fue una de las épocas más felices de mi vida.

Cuatro días después, a las diez de la noche, la policía tocó el timbre de nuestra puerta.

¡Qué sonido más discordante y perturbador! Me sorprendió tanto escuchar el timbre aquella noche que me pregunté si nos estarían entregando algún paquete... así de lejos de los límites de la posibilidad estaba el asunto para nosotros. Alguien llamaba a la puerta en medio de la noche y mi primer pensamiento fue: *¿Ya llegó la crema de almendras que pedí?*

Creo que ese recuerdo es el más difícil para mí; lo marco como el momento final en el que me aferré por última vez a la ingenuidad sobre cómo funcionaban realmente las cosas en el mundo al que ahora pertenecíamos.

No era FedEx.

Eran dos policías, informándonos que alguien había hecho una llamada anónima sobre nuestra familia a la línea directa de maltrato de menores relacionada con nuestra experiencia previa como hogar de acogida.

Me quedé parada allí en el pórtico con mis pijamas de corazoncitos. Mi mente estaba confundida por la falta de sueño, así que hice un esfuerzo supremo para entender las palabras que estaban saliendo de su boca.

En los próximos días descubriría lo común que es esta práctica en el programa de hogares de acogida. Como la línea directa de maltrato de menores es anónima, cualquiera puede llevarla a cabo. Cualquiera puede decir lo que quiera. Pueden hacerlo por despecho, para lastimar a tu familia, para desviar la atención de ellos mismos, o por un millón de razones en las que ya prefiero no pensar. Me obsesioné con ellas por días y la obsesión no resolvió nada. Sin importar lo que dijéramos o hiciéramos, no podíamos escapar del problema. El resultado de una llamada como esa es una investigación.

Ahora bien, permíteme hacer una pausa y decir que estas investigaciones son necesarias. *Seguro que lo son.* El maltrato de niños es un crimen deplorable y horrendo, y si el sistema no lo investiga, ¿cómo van a proteger a los menores en este programa? Entiendo esto en un nivel intelectual. En otro nivel, tuve que sentarme en mi sala y escuchar a alguien del Departamento de Servicios a Niños y Familias (DCFS, por sus siglas en inglés) preguntarles a mis hijos si «mamá y papá alguna vez se pegaban cuando estaban muy, muy enojados». O si alguien alguna vez «los había tocado debajo de su ropa interior».

En aquellos momentos, traté de ser muy fuerte por mis niños. Intenté mantener una sonrisa en mi rostro mientras sostenía a una bebé de ocho días de nacida y les decía: «No pasa nada, mi amor, simplemente contéstales con la verdad».

Cuando los niños se fueron, sollocé calladamente mientras firmaba unos documentos que autorizaban a la oficina del DCFS a acceder a los récords médicos de los niños, investigar documentos de su escuela y hacerles preguntas adicionales.

Todo este tiempo, la letanía que no paraba de repetirse en mi mente era: *Fui yo la que insistí en entrar en el programa de hogares de acogida. Yo expuse a mi familia a este sistema.* Había trabajado con ahínco para asegurarme de que mis hijos nunca vivieran el trauma que yo viví de niña, pero sin querer, lo había traído a mi familia.

No tenía idea.

Fui extremadamente ingenua con respecto a lo que nos podría ocurrir. Supuse que lo peor que enfrentaríamos sería el trauma al que han sido expuestos los niños en el programa de hogares de acogidas... Nunca se me ocurrió que seríamos atacados solo por estar involucrados en ese mundo. Y sabía —*sabíamos*— que éramos completamente inocentes de esta sospecha, pero al final nuestro récord diría «no concluyente». No diría «inocente», ¿porque cómo pueden decir a ciencia cierta que somos inocentes cuando están trabajando con acusaciones y el menor en cuestión es muy joven para hablar? Este no es un sistema donde eres inocente hasta que prueben lo contrario. Este es un sistema donde eres culpable hasta que te consideren *no concluyente*.

Durante este tiempo, muchísimas personas en las redes sociales me preguntaron por qué de pronto estaba tan delgada... Querían saber en qué dieta estaba para intentarla también. La razón era que durante semanas los investigadores de los Servicios de Protección Infantil (CPS, por sus siglas en inglés) habían estado sentados en nuestra sala cuestionando nuestro carácter, preguntándonos si alguna vez nos habíamos enojado tanto como para sacudir a un bebé.

Pero, ¿está usted segura, Sra. Hollis? ¿Tal vez en un momento en el que se sintió realmente abrumada?

Casi no comía. No podía dormir sin ayuda de medicamentos.

Todo esto sucedió mientras teníamos a las gemelas recién nacidas.

Y entonces, en medio de esta pesadilla de dolor y confusión, descubrimos que las niñas no estaban realmente disponibles para adopción. Su padre biológico las quería. Resulta que él siempre las había querido, pero nadie nos lo había dicho. *Nunca* estuvieron disponibles para adopción. Estaban definitivamente en el programa de hogares de acogida, pero solo necesitaban permanecer en él hasta la fecha de presentación de su padre en la corte. La justificación para que la trabajadora social omitiera esta información fue: «Bueno, podrían estar disponibles para adopción en algún momento si él no se comporta como debe».

A decir verdad, el razonamiento fue indignante, pero sinceramente, no puedo culparla. No tengo idea de cuántas carpetas de niños llegan a su escritorio cada semana. Ni siquiera puedo imaginar para cuántos niños ella está tratando de conseguir una cama. Por lo tanto, si tiene unas gemelas recién nacidas en el sistema y no puede encontrar un lugar para ellas (algo que luego supimos que había sucedido), entonces, ¿le escribes a la buena familia que tiene permiso para aceptar a dos a la vez? ¿Dices que las abandonaron, pero dejas fuera los detalles sobre la otra familia biológica, ya que la alternativa es que no tengan un lugar a donde ir? ¿Te aprovechas de una familia que es fuerte y capaz porque tienes a dos bebés de tres días de nacidas que son vulnerables?

Probablemente. Y eso fue justo lo que nos ocurrió a nosotros.

Estoy tratando de pensar cómo explicarte la forma en que tal conocimiento me afectó, pero simplemente no encuentro las palabras.

Recibimos una llamada relacionada con las gemelas después de cuatro años de espera para adoptar. Aquella llamada se sintió como la respuesta a años de oración. No obstante, muy pronto, estábamos viviendo una pesadilla.

Cuando se llevaron a las bebés, me sentí traicionada. Me sentí engañada. Me sentí destrozada hasta la médula de mis huesos. Sin embargo, es importante que te diga que, en última instancia, fue nuestra decisión dejarlas ir. Durante este proceso, no siempre nos ofrecieron la verdad, por eso siento que es tan importante decirla aquí: pudimos haber accedido a quedarnos con las gemelas. Pudimos haber firmado un acuerdo de nueve, doce o dieciocho meses como hogar de acogida, con visitas de dos horas tres veces a la semana ordenadas por la corte con el padre biológico, con la esperanza de que *tal vez* el proceso terminara en adopción.

No podíamos hacerlo.

O supongo que no es verdad. *Pudimos* haberlo hecho... pero mi corazón estaba hecho trizas y mi fe en el sistema había desaparecido.

Peleé conmigo misma. Todos los días por semanas enteras peleé conmigo misma y traté de pensar en soluciones. *Quizás si nosotros... Pero qué tal si ellos... Tal vez el papá...*

También peleé con Dios.

Con él más que con nadie.

¿Para qué fue todo esto? ¿Por qué estamos aquí? ¿Qué hicimos para merecer alguna de estas cosas? ¿Y qué hay de las niñas? ¿A las que les puse nombre y con las que caminé en la habitación por horas mientras eliminaban las drogas de su sistema? ¿Y qué de Atticus, con sus ojos grandes y brillantes? ¿Y qué me dices de Elliott, que era más pequeña y necesitaba más abrazos? ¿Qué será de ella, Señor?

Lloré.

Lloraba tanto que mis ojos siempre estaban hinchados. Lloraba cuando sostenía a las niñas. Lloraba cuando no estaba segura de si debía sostener a las niñas, cuando me advertía a mí misma que no debía seguir apegándome a alguien que tal vez no se quedaría. Lloraba cuando veía a otras nuevas mamás en Instagram... Unas pocas semanas antes había pensado que todas formábamos parte de la misma tribu.

Después de que sucedió todo esto, Dave y yo nos sentimos muy solos. ¿Quién podría entender lo que habíamos pasado? ¿Acaso la gente nos creería cuando le dijéramos que nos habían acusado de algo tan lejos de la realidad de nuestra familia que ni siquiera sabíamos que existía? ¿Alguien entendería cómo se siente saber que una persona anónima haya sido tan vengativa como para involucrarnos en este terrible escenario solo por mortificar? ¿Acaso las personas que lean esta historia moverán su cabeza y dirán: «Bueno, eso les pasa por hacerlo a través del programa de hogares de acogida»?

Fue un desastre. Un enorme y terrible desastre... y todavía no había terminado. Incluso después de que se fueron las gemelas, todavía tuvimos que sobrellevar la investigación... porque no se trataba de juzgarnos con respecto a los menores que formaban parte del sistema; estaban intentando juzgar si éramos aptos para cuidar de *cualquier niño*, incluso los nuestros. Como habíamos abierto nuestro hogar, nuestro historial médico, nuestros archivos escolares, y les dimos acceso a nuestras amistades y colegas que podían dar fe de nosotros como padres... no existía evidencia para validar la falsa alegación.

No obstante, fue aterrador. Fue desagradable y traumático, como si hubieran abusado de nosotros. Nos habían atacado, y durante semanas y semanas vivimos en un estado de conmoción.

Tenía miedo de escribir esta historia. No estaba segura de si debía contarte sobre nuestra realidad particular, porque sigo creyendo que los niños del programa de hogares de acogida necesitan defensores. Sin embargo, pienso que nos debieron haber preparado mejor para las realidades: que las acusaciones de maltrato son extremadamente comunes; que tal vez recibas información incorrecta o engañosa sobre los menores; que a pesar de tus mejores intenciones, es posible que te rompan el corazón en formas que no puedes comprender. Creo que si nos hubieran informado, ahora no me sentiría tan herida.

Quizás pude haberme preparado mejor. Quizás eso sea una ilusión. *Quizás* es la palabra que me asediaba todo el día. En medio del dolor, las preguntas y las dudas, teníamos que decidir algo importante: ¿seguiríamos tratando de adoptar?

Mi instinto dijo *absolutamente no*.

La adopción internacional y el hogar de acogida con miras a la adopción ya no eran alternativas con las que nos sintiéramos cómodos, lo cual nos dejaba con la adopción independiente. Dave había preferido esta opción desde el principio, pero yo sentía que había una mayor necesidad en la adopción internacional o el programa de hogares de acogida. Sin embargo, ahora él me estaba pidiendo que lo considerara otra vez, y necesitaba tomar una decisión rápidamente.

Uno de los aspectos más difíciles sobre la adopción es el tiempo que toma. Por lo tanto, aunque no estaba segura de lo que quería hacer, sabía que para poder asegurar cualquier oportunidad en el futuro necesitaríamos comenzar un nuevo camino lo más pronto posible. Visitas en la casa, pruebas de sangre, solicitudes, cientos de páginas que llenar... Todo toma bastante tiempo, y lamentablemente, no es transferible, así que teníamos que empezar de cero.

Además, no conocíamos nada sobre este mundo, ni siquiera cómo proceder. ¿Lo hacemos a través de una agencia doméstica? ¿Debemos buscar un abogado? Todo parecía sobrecogedor, especialmente después de lo que acabábamos de pasar.

No puedo expresar lo maravilloso que fue mi esposo durante este periodo de tiempo. Si le preguntas a la mayoría de las parejas adoptivas, te dirán que la idea se le ocurrió en un inicio a la esposa. Estadísticamente, los hombres debaten al principio con el concepto de la adopción. Sin duda, hay excepciones a la regla, pero casi siempre las mujeres son las que presionan en favor de esto. Fui yo quien presionó en favor de la adopción internacional, y luego quien lo instó a considerar el hogar de acogida con miras a la adopción. Ahora era yo la que estaba indecisa y resultaba incapaz de sentirme optimista, pero Dave me animó a que lo reconsiderara. Recordaré aquella conversación por el resto de mi vida... yo estaba sollozando en el patio, donde los niños no podían oírnos, mientras él peleaba por el sueño de tener una hija.

«¡Sí, es difícil! Pero nuestro sueño no se desvanecerá porque *las cosas se compliquen*, Rachel. Vamos a tener una hija, aunque nos lleve más tiempo... El tiempo va a pasar de todas maneras. ¡No podemos rendirnos!».

Fue Dave quien investigó sobre el abogado de adopciones. Fue Dave quien llamó a las amistades, colegas y oficinas de médicos para nos dirigieran hacia dónde ir. Fue Dave quien se sentó en el piso mientras yo escribía el primer borrador de este capítulo. Tenía papeles esparcidos por todos lados el primer día de sus vacaciones, mientras subía un documento tras otro al sistema de nuestra nueva agencia de adopción.

El proceso de una adopción independiente era más intimidante para mí que cualquier otra cosa que hubiéramos intentado antes. En este proceso, una mamá biológica nos selecciona para ser los padres de su hijo; lo que significa que estás compitiendo con miles de parejas por todo el país. También quería decir que en el momento que surgiera una madre con los criterios que coincidieran con los nuestros, recibiríamos una llamada de nuestro abogado y él nos pediría que llamáramos a una extraña para tener las conversaciones más surrealistas que puedas imaginar. Esto nos ocurrió tres veces en los primeros dos meses. Me parece que la perspectiva optimista es que tuvimos tres oportunidades en ese corto periodo de tiempo, pero la verdad —porque estoy tratando de ser completamente sincera contigo— es que sentí que aquellas experiencias fueron durísimas. Sabía que no debía hacerme ilusiones, pero era imposible no emocionarme cuando hablaba con una mamá biológica. Me hablaba sobre su fecha de parto y escuchaba su historia, y pensaba de inmediato: *Oh, Dios, ¿qué tal si fuera ella la que nos selecciona? ¿Qué tal si nuestra bebé llegara en abril?*

Cuando no éramos la familia seleccionada, me sentía como una tonta por haberme ilusionado. Me preguntaba si todo era una enorme pérdida de tiempo o un experimento doloroso que no conduciría a ningún lado. ¿Tendríamos una hija alguna vez? ¿Todavía queremos una?, me preguntaba. Y mi tristeza... ¿era desconsiderado sentirme triste cuando tenía tres hermosos hijos y otras familias no tenían ninguno? Me sentaba en nuestro baño y lloraba, mientras mi mente ponderaba todas estas preguntas. Nunca encontré realmente las respuestas.

A lo que sí me aferré fue a la fe. A veces esa fe era débil y casi no podía aferrarme a ella. Pero allí estaba... aquella voz sutil que me instaba a que siguiera intentándolo. *Solo un paso más*, Dios me susurraba. «Mañana será mejor», me decía Dave. *Algún día tendré a mi hija en mis brazos y entenderé por qué esperé por ella*, me recordaba una y otra vez.

Durante aquellos meses de espera, caminé en fe. Mis pasos no eran atrevidos ni iban acompañados de la fanfarria que adornó el comienzo de nuestra jornada hacía casi cinco años. Mis pasos de fe eran cautelosos e inseguros. Tropecé a ciegas por un camino que no podía ver. Decidí seguir adelante, porque aunque sabía que encontraría dolor, también sabía que recibiría fuerzas. Podía mirar a los seis meses anteriores, o a los cinco años en total, y escoger sentirme enojada. O podía mirar a esta larga jornada y reconocer todo lo que habíamos recibido.

Supimos sobre la crisis de huérfanos, tanto doméstica como internacionalmente. Donamos tiempo, dinero, oraciones y recursos para ayudar con algo que antes ni siquiera estaba en nuestro radar. Por eso seguí caminando en fe.

Tuvimos la oportunidad de conocer y amar a cuatro niñitas, e incluso si nunca más volvemos a verlas, nuestras vidas son mejores porque estuvimos unidos a ellas por un tiempo. Por eso seguí caminando en fe.

Nuestro matrimonio se fortaleció. Cuando pasas por tantas cosas juntos, tu matrimonio se hace más fuerte o se hace añicos. Dave y yo nos sentamos en una trinchera de papeleo y entrevistas y pruebas de sangre y preguntas invasivas. Más tarde, aprendimos a cuidar a niñitas con un trauma severo y a gemelas recién nacidas que gritaban toda la noche. Nos hemos reído y llorado, y hemos salido del otro lado más valientes, más atrevidos y más unidos. Por eso seguí caminando en fe.

Puedo pensar en muchísimas cosas positivas que resultaron de todo lo que ocurrió, lo cual me proporcionó el valor para dar otro paso. Por eso seguía llamando a las mamás biológicas, aunque significara sentirme desilusionada cuando no nos seleccionaban. Por eso seguía orando por nuestra hija, sin saber quién era o cuánto tiempo pasaría antes de conocerla.

Por eso me mantenía optimista a pesar de que me sintiera agotada. Por eso seguiré contando nuestra historia, aunque sea doloroso hacerlo. Porque al final de todo esto, no quiero que me veas como alguien que pasó por un proceso largo e intenso para adoptar a una niñita. Quiero que veas a alguien que dio la cara una y otra vez, aunque sintiera que la estaban desgarrando por dentro. Quiero que veas a alguien que se mantuvo caminando en fe, porque entendía que el plan de Dios para su vida era espléndido, incluso cuando no siempre fuera fácil. Y aunque no fuera fácil, ella era atrevida, valiente y honesta, a pesar de que resultara difícil decir la verdad.

LAS COSAS QUE ME AYUDARON...

1. *Dar el paso.* Encontrar el valor para ser sincera sobre quién eres o lo que estás atravesando es como lanzarte en lo más profundo de una piscina y hacer el esfuerzo para nadar una vez que toques el agua fría. No será necesariamente agradable, pero una vez adentro, ya está hecho. Mientras más tiempo vivas en un estado de sinceridad, más fácil se te hace simplemente mantenerte allí todo el tiempo.

2. *Buscar a otros que digan la verdad.* Rodéate de personas que también hayan pasado por el difícil proceso de ser sinceras en cuanto a sus sentimientos. Estas personas pueden decirte cómo se sintieron y cómo encontraron el valor para hacerlo. También pueden ser un ejemplo de alguien que reconoció su adversidad y sobrevivió para contarlo.

3. *Investigar otras historias parecidas a la mía.* Si hubiéramos investigado mejor el programa de hogares de acogida en Los Ángeles, no nos habría sorprendido tanto lo que nos sucedió. Después de haber pasado por esto, y de conocer a otras parejas que atravesaron por lo mismo, ahora entendemos que nuestra experiencia era muy común. Durante el proceso nos sentimos muy solos, y buscar una comunidad que entendía nuestro recorrido nos ayudó muchísimo.

CAPÍTULO 17

La mentira:

MI PESO ME DEFINE

Cuando la gente habla sobre el divorcio, usa palabras como *irreconciliable* o *complicado*. Sin embargo, esas palabras son muy livianas... demasiado sencillas para describir la destrucción de una familia. El divorcio es como un libro que cae sobre una casa hecha de Legos. Es una bala de cañón disparada desde la proa que se estrella sobre la cubierta y hunde al otro barco. El divorcio es una destrucción que comienza arriba y va rompiendo todo lo que encuentra a su paso. No, *complicado* no es el adjetivo apropiado.

Horrible, desagradable, detestable, devastador... estos se acercan más.

Cuando tenía dieciséis años, mis padres estaban en medio de un divorcio horrible, desagradable, detestable y devastador que habían comenzado y cancelado una y otra vez desde que yo tenía nueve años.

Durante este tiempo —la agonía final de su relación— acababa de sacar mi licencia de conducir y recibido un auto de segunda mano. Era un Suzuki Samurai de 1989, y también de cambio manual, algo que no tenía la más mínima idea de cómo operar. Estuvo parado en la entrada de la casa por varias semanas acumulando polvo; una monstruosidad que me recordaba que nadie lo estaba usando y que yo era incapaz de manejarlo.

Le lancé indirectas a mi hermana mayor, a su novio y a mi mamá con la esperanza de que alguien saliera conmigo un fin de semana o una tarde y me explicara los pormenores de operar un embrague. Si supiera cómo manejar ese auto, podría ir sola a la escuela. Si supiera cómo manejar ese auto, podría conseguir un trabajo y comenzar a ahorrar dinero. Existían tantas posibilidades del otro lado de aquella transmisión manual.

Un día, de la nada, mi padre decidió que él me iba a enseñar. Y aún entonces, en medio de la emoción de querer aprender a manejar sola a todas partes, sabía que esta era una idea catastróficamente mala.

Papá tenía un temperamento explosivo. Este era un aspecto siempre presente en mi vida mientras yo crecía, pero durante este periodo de tiempo, resultaba mucho peor. Solo había pasado un poco más de un año y medio desde la muerte de mi hermano mayor, Ryan.

Al mirar en retrospectiva, puedo ver que mi padre estaba luchando por algo de normalidad; que estaba tratando de criar a la única hija que le quedaba en la casa. También estaba intentando enseñarme a manejar con cambio manual en el auto de mi hermano... el auto de segunda mano que estaba disponible porque Ryan ya no lo necesitaba.

¿Qué habrá sentido él, o cualquiera de los que dudaron en cuanto a enseñarme a manejar en el auto de Ryan? ¿Cometió papá una terrible equivocación? ¿Era él el único lo suficiente fuerte para sobreponerse al dolor y hacer lo que había que hacer? Quizás otra persona hubiera batallado con sus emociones de otra manera. Tal vez mi mamá hubiera llorado o mi hermana habría atacado de palabra a alguien, pero mi padre... sus emociones fuertes tendían a dirigirse solo en una dirección: directo al punto de ebullición.

En aquel entonces, no entendía mi dolor ni mi trauma.

Asimismo, tenía dieciséis años y no entendía por qué mi padre siempre estaba tan furioso. Habíamos manejado hasta las afueras de la ciudad, donde podía practicar sin otros autos alrededor. Todavía puedo vernos en aquella carretera de campo solitaria, mientras él gritaba instrucciones al aire existente en el espacio que nos separaba: «¡Embrague! ¡Cambio! ¡Gasolina! ¿Cuántas veces se te va a apagar el auto antes de que lo hagas bien?».

Mientras más gritaba, más se me apagaba el auto. Mientras más se apagaba, más lloraba. Mientras más lloraba, más él se enojaba. No tengo idea de si aquel episodio duró diez minutos o una hora. Lo único que sé es que me refugié cada vez más en mí misma hasta que comencé a temblar. Finalmente, me dijo que él iba a manejar.

Llegamos a la casa en medio de un silencio tenso.

Ahora, como adulta, puedo entender lo mucho que combatió su temperamento con sus hijos y lo mucho que lo contrariaba perder los estribos con nosotros. Él era totalmente competente allá afuera en el mundo como ejecutivo, pastor y luego con su doctorado, pero en la casa se sentía perdido. Ahora puedo verlo. Cuando niña estaba completamente ciega a esto. Pasé casi toda mi vida con miedo a enojarlo. En una situación como esta, donde de verdad yo había fallado miserablemente y él estaba tan y tan furioso, deseé —y no por primera vez— haber sido el hijo que había perdido.

Me dejó en la casa y me encontré en una vivienda vacía sintiéndome asustada, confundida y con deseos de vomitar. Entonces caminé hasta la cocina.

Vengo de una familia de comilones emocionales, así que mi primer pensamiento fue que algo en aquella cocina seguramente me haría sentir mejor. Encontré una caja nueva de galletas Oreos y saqué dos. Estaban tan buenas que saqué otra.

Recuerdo que me senté en el piso, recostada en los gabinetes con la caja en mi mano. Había estado allí un montón de veces antes. Solo que, en este momento, algo cambió. Cada vez que me comía una galleta, lloraba mucho más. Entonces me comía otra. En un momento dado, el ruido en mi cabeza cambió. Ya no se trataba de mi papá ni de por qué estaba tan furioso. Pensé en mí misma y en todas las maneras y razones en las que estaba equivocada. *Bien*, pensé, *cómetelas todas. Cómete hasta la última galleta. Cómete todo lo que encuentres en la cocina. Come hasta que te veas fea y despreciable, y el exterior finalmente haga juego con el interior.*

Me quedé sentada en aquel piso y lloré y comí hasta que sentí náuseas.

Aquella fue la primera vez que recuerdo haberme castigado con comida, pero no sería la última.

Mis problemas con mi cuerpo —la manera en que lo veía y, posteriormente, como me veía *a mí misma* por asociación— no comenzaron aquel día, pero sí creo que dieron un gran salto de ser algo que me afectaba marginalmente a ser un asunto de primera fila en mi vida. Mi peso ya no era una parte de mí, como el pelo o los dientes; ahora era algo que me *definía*. Era un testimonio de todo lo que estaba haciendo mal.

Más tarde aquel mismo año, me enfermé de mononucleosis.

Me encantaría decirte que fue porque tuve una intensa sesión de besuqueo con un vampiro adolescente, pero me contagié en un bebedero en el pasillo de la clase de química avanzada. Estuve en cama toda una semana casi sin poder tragar, y mucho menos comer.

Cuando salí de la neblina de la enfermedad había perdido una cantidad de peso gigantesca. Estaba delgadita. No podía dejar de mirarme en el espejo. Quería comprarme *jeans* nuevos en esta talla. Estaba segura de que mi vida ahora sería todo lo que jamás había soñado. Sería popular, iría a fiestas, llamaría la atención de Edward Cullen... Digo, con una talla dos, *cualquier cosa* es posible y todo es probable. Prometí por mi alma que jamás ganaría ni una sola libra.

Sin embargo, estaba hambrienta. Tenía un hambre horrorosa todo el tiempo. Sé que la gente dice que nada sabe tan bien como sentirse delgada, pero supongo que es porque nunca han probado los Nachos BellGrande. Recuperé el peso perdido y un poco más.

Cuando me mudé a Los Ángeles a los diecisiete años, era extremadamente consciente de lo fuera de sitio que me encontraba en una talla diez, y aseguré que la geografía era lo único que me había frenado. Estaba lista para inscribirme en un gimnasio, correr un maratón y comer solo ensaladas de ahí en adelante... pero nada de esto ocurrió. Toda una vida comiendo por estrés se tradujo en más libras después de mi mudanza.

Decidí probar las pastillas para adelgazar.

No sé de qué marca eran o dónde las compramos, pero por un par de meses, mi compañera de cuarto y yo sobrevivimos con pastillas para adelgazar y batidos SlimFast. Y funcionó muy bien. Bajé de peso y me encantaba todo sobre mi cuerpo nuevo y delgado. Por supuesto, estaba hambrienta todo el tiempo y siempre me sentía muy nerviosa, pero me veía genial en mis *jeans*.

Esperaba que la vida comenzara a verse mejor y fuera más fácil de inmediato, y que mis sueños no tardaran en manifestarse y hacerse realidad. Notaba que más hombres se fijaban en mí, al punto de que la atención estaba realmente empezando a incomodarme. A cualquier parte que íbamos podía sentir sus ojos sobre mí. Esperaba que los hombres pagaran la cuenta cuando salíamos a cenar. Miraba mal a cualquier varón dentro de un radio de diez pies. No estaba totalmente cuerda, pero tampoco estaba lo suficiente consciente para notarlo.

Un día regresé temprano del trabajo y se me ocurrió mirar por la ventana del apartamento. Al otro lado, vi a dos iguanas tomando sol en la ventana del condominio de alguien. Dos iguanas del largo de mi fémur simplemente pasando un buen rato en la ventana de la cocina. Una de ellas volteó ligeramente su cabeza, captó mi atención y se me quedó observando. Vas a pensar que me estoy inventando esto, pero te juro por mi vida que pensé que aquella iguana me estaba mirando directo al alma. Estaba en un trance; no podía dejar de mirar. Observé a aquellas criaturas por lo que parecieron horas, y me convencí de que si dejaba de mirarlas a los ojos (con cien pies de espacio entremedio), algo malo ocurriría. En un momento, recuerdo haber pensado: ¿Cuándo fue la última vez que vi a *un ser humano? ¡¿Somos estas iguanas y yo las únicas criaturas que quedamos en la tierra?!* Mi compañera de cuarto me encontró así aquella tarde. Cuando traté de explicarle cómo me sentía —lo más racionalmente que pude para alguien que había pasado horas mirando a dos iguanas— ella me preguntó: «¿Crees que sean las pastillas para adelgazar?».

Bueno, *ahora que...*

Me alegré muchísimo cuando descubrí que había otros seres en la tierra aparte de las iguanas y yo que habíamos sobrevivido al apocalipsis. Corrí, busqué el frasco y leí la etiqueta por primera vez. *Puede causar paranoia extrema* era el efecto secundario número uno. ¡Bendito sea!

Dejé de tomar las pastillas y comencé a comer alimentos sólidos otra vez, e igual que en las otras ocasiones, recuperé el peso de inmediato.

Me gustaría decirte que la paranoia extrema y el Armagedón con las iguanas marcaron el final de mi carrera obsesiva con el peso o las dietas yoyo, pero no fue así. Traté todo tipo de locuras: Susan Powter, Suzanne Somers, Atkins, Lean Cuisine, limpiezas con jugos, con vegetales... la lista continúa. Y cada vez que empezaba una dieta, inevitablemente cometía un desliz. Un «error» (como comerme un pedazo de pastel en una fiesta de cumpleaños) le enviaba a mi cerebro una señal de total derrota. Un pedazo de pastel significaba que también podía comerme *todo* el pastel, y también las papas fritas y la salsa, y la pizza y cualquier otra cosa que cayera en mis manos. Y así comenzaba la misma sesión de atracón detestable que aprendí a los dieciséis años en la cocina con las Oreos.

Había llegado a la conclusión desde muy temprana edad que las mujeres delgadas eran hermosas. Las mujeres delgadas se enamorarían y tendrían esposos guapos. También alcanzarían el éxito profesional, serían buenas madres, vestirían las mejores ropas. No sé si alguna vez dije esas palabras en voz alta, pero sí las creía totalmente.

Dieciséis años más tarde, esta no es una verdad que me gusta admitir. No me gusta hablar de mi niñez conflictiva ni de las conversaciones negativas en mi cabeza, ni de las mentiras ridículas que solía creer. No me gusta enfocarme en mis equivocaciones, pero son como esa pequeña fisura en tu taza de té; una imperfección que solo puedes ver cuando la sostienes contra la luz. Las imperfecciones cubren la superficie de mi vida; me ayudan a contar mi historia. Para bien, mal o algo peor, son parte de mí.

Más tarde, después de mi primer embarazo y el aumento de peso posterior, esta lucha empeoró mucho más. Me moría de ganas por parecerme a las celebridades que veía en las revistas que tenían un bebé y salían del hospital vistiendo los jeans que usaban antes del embarazo. Durante todo un año cargué más de veinte libras de sobrepeso del bebé, y justo cuando comencé a hacer algunos avances, salí embarazada otra vez. Me preguntaba si alguna vez podría deshacerme de aquellas libras.

Me parece que esta es la parte en el típico libro inspirador y motivacional donde la autora te diría que un viaje de autodescubrimiento y mucha terapia la ayudaron a descubrir que el peso no la definía. Esto es absolutamente cierto, pero no es ahí adonde me dirijo en este capítulo. Ese no es el tipo de libro que quiero escribir. He aquí lo que puedo decirte sobre las dietas, el ejercicio y el peso, y lo que significan en mi vida.

La persona que eres hoy en día resulta increíble. Tienes muchísimas cualidades maravillosas para ofrecerle al mundo y son exclusivamente tuyas. Estoy convencida de que tu Creador se deleita en todos tus detalles y se regocija cuando vives tu potencial.

Pienso también que los seres humanos no fuimos creados para estar fuera de forma ni patológicamente obesos. Creo que funcionamos mejor mental, emocional y físicamente cuando cuidamos nuestros cuerpos con buena alimentación, agua y ejercicio. La mentira que solía creer era que mi peso me definiría, que revelaría mucho sobre quién soy como persona. Hoy en día creo que tu peso no te define, pero sin duda el cuidado y la consideración que le ofreces a tu cuerpo sí lo hace.

Como trabajo en los medios de comunicación y durante años accidentalmente incomodé a mucha gente en la Internet sin ninguna intención de hacerlo, sé que algunas personas van a molestarse por esto. Ya puedo imaginarme los correos electrónicos que recibiré. La lista de razones por las que tú o una persona que conoces es justificadamente obesa, el trauma que has vivido... en algunos casos, la comida es tu mecanismo de defensa. O quizás escuche lo contrario. Tal vez padezcas de un trastorno alimenticio como la anorexia. Eres delgada, pero no estás saludable, ya que tu cuerpo no recibe los nutrientes que necesita. O tal vez consumas licor todos los días porque eres una mamá soltera o estás atravesando una etapa difícil. Todas estas cosas son justificables, todas son razones válidas para no cuidarte... por un tiempo.

Los traumas de la niñez no son una sentencia de muerte. El dolor emocional extremo no garantiza un dolor emocional por el resto de tu vida. Sé que esto es cierto porque soy un ejemplo vivo, próspero y que respira de alguien que elige estar por encima del trauma de su pasado. La razón por la que sé esto es porque el mundo está lleno de gente con una vida mucho más difícil que la mía y mucho más difícil que la tuya; sin embargo, *todos los días* hacen lo que tienen que hacer.

Puedes elegir quedarte o no ahí. Puedes *elegir* seguir abusando de tu cuerpo porque es lo que sabes hacer. Puedes *elegir* vivir en ese lugar porque es el camino más fácil. Puedes *elegir* conformarte con una vida vivida a medias porque ni siquiera sabes que existe otra manera, o quizás porque no sepas cómo salir de ella. Sin embargo, por favor, *por favor*, deja de justificar los porqués. Por favor, no sigas diciéndote que mereces esta vida. Por favor, deja de justificar una existencia pésima simplemente porque siempre ha sido así. De la misma manera que has elegido quedarte en este lugar por tanto tiempo, también puede elegir salir de él.

Necesitas estar saludable.

No tienes que ser delgada. No tienes que vestir cierta talla o estar en cierta forma, o verte bien en un bikini. Tienes que ser capaz de correr sin sentir que vas a vomitar. Tienes que ser capaz de subir un tramo de escaleras sin que te falte el aire. Necesitas tomarte la mitad de tu peso en onzas de agua todos los días.

Necesitas estirarte, dormir bien y dejar de medicar cada molestia o dolor. Tienes que dejar de llenar tu cuerpo con basura como la Coca-Cola dietética, o la comida chatarra, o los *lattes* que tienen un millón y medio de calorías. Necesitas ingerir combustible para tu cuerpo que no haya sido procesado y combustible para tu mente que sea positivo y alentador. Necesitas levantarte del sofá o la cama y comenzar a moverte. Sal de la neblina en la que has estado viviendo y mira tu vida tal cual es.

¿Te ama tu Creador tal como eres? ¡Sí! Pero él te dio un cuerpo con toda su fortaleza, y aun con sus debilidades, como un regalo. Es una ofensa para tu alma que continúes tratándote tan mal.

Así que no, este no es el libro donde te digo que la respuesta para tu batalla con la pérdida de peso es amarte y aceptarte tal como eres. Este es el libro donde te digo que si de verdad quieres practicar el amor propio, vas a comenzar con tu cuerpo físico y pasar el trabajo de descubrir por qué, para empezar, esto es un problema. ¿Piensas que habría entendido las razones por las que comía emocionalmente si no hubiera estado en terapia por años para llegar al fondo del asunto? ¿Crees que te habría contado tan fácilmente la historia de aquel día con las Oreos si no hubiera hecho todo lo posible para salir de aquella oscuridad? ¿Crees que descubrí mágicamente cómo perder peso después de toda una vida viviendo de quesos y salsa espesa?

No. Tuve que trabajar.

Tuve que estudiar e ir a terapia. Tuve que probar distintos tipos de ejercicio hasta encontrar los que me gustan. (Para mí, es correr largas distancias y el entrenamiento con pesas). Tuve que batallar con el impulso de darme un atracón cuando me desviaba un poco de los alimentos saludables... y me tomó *años* adoptar este hábito. Tuve que enseñarme nuevos mecanismos de defensa para lidiar con el estrés (por ejemplo, con el sexo todos ganamos). Tuve que descubrir cómo funciona la pérdida de peso y descubrir que en realidad es lo más sencillo del mundo. Hay un millón de dietas basadas en la idea de que si logran confundirte o hacerte pensar que hay una manera fácil de hacerlo, entonces comprarás lo que sea que estén vendiendo. La verdad de hoy es la misma de siempre.

Si las calorías que consumes en un día son menos que las calorías que quemas en un día, bajarás de peso. Fin.

Descubrir qué alimentos saludables te saben bien o qué ejercicios puedes intentar... tal vez sea más difícil, pero no dejes que los medios te engañen para que creas que esto es complicado. Aprender a estar saludable cuando nunca lo has hecho podría ser difícil si tienes muchos malos hábitos que romper, pero la mecánica del asunto es realmente muy sencilla. Y esa versión de ti, más saludable y mejor cuidada, vale cada minuto de ese trabajo.

LAS COSAS QUE ME AYUDARON...

1. *Los mantras.* En el primer libro de ficción que escribí, el personaje principal camina a todas partes recitando un mantra: «Soy fuerte. Soy inteligente. Soy valiente». Ella siempre está nerviosa y se siente insegura de sí misma, así que lo repite todo el día, una y otra vez. Ese libro está basado en mis primeros años en Los Ángeles, y ese mantra se basa exactamente en lo que solía decirme todos los días. Toda una vida creyendo que tu valor —o la falta de él— depende de tu cuerpo, o tu cara, o *lo que sea* de ti, significa que tienes toda una vida de conversaciones negativas en tu cabeza repitiéndose sin parar. Tienes que reemplazar esa voz con la verdad opuesta, con lo que más necesites creer. Por lo tanto, invéntate un mantra y repítelo mil veces al día hasta que se haga realidad.

2. *Edité mis redes sociales.* Si te está costando trabajo vivir a la altura de cierto estándar, si parece que dondequiera que miras ves a una hermosa modelo talla cero con un cabello perfecto y sedoso, y si cada vez que la ves te deprimes o te da ansiedad… ¡no sigas consumiendo *entonces ese tipo de contenido!* No sigas a esas modelos en Instagram; no mires esos muros en Facebook. Rodéate con ejemplos de mujeres positivas que te animen a ser fuerte y estar saludable. No estoy diciendo que las mujeres que ofrecen clases de maquillaje en la Internet o las modelos que hacen ejercicios en Instagram son malas (¡a mí me encantan!), pero hay etapas en la vida en que seguirlas no tiene sentido. Decide sabiamente.

3. *La preparación.* Tienes que prepararte por adelantado para cualquier cosa que quieras hacer bien. Punto. ¿Quieres estar segura de que llegarás a tiempo mañana a esa clase en el gimnasio? Entonces deberás empacar tu mochila hoy y anotar la sesión de ejercicios en tu calendario. ¿Quieres estar segura de que no vas a comerte las galletas de pececitos de tus hijos y vas a ingerir meriendas saludables? Entonces lo mejor es que prepares algunas opciones saludables para tus meriendas al principio de la semana. Si esperas al último minuto, es muy probable que no logres nada. ¿Quieres vivir una vida más saludable? Traza un mapa sobre cómo llegar allí.

CAPÍTULO 18

La mentira:

NECESITO UN TRAGO

La primera vez que probé una bebida alcohólica tenía quince años. Suena bastante escandaloso, pero a la verdad fue básicamente inofensivo. Mi hermana mayor, Christina, me dejó tomar un sorbo de su Midori Sour una noche que me quedé a dormir en su apartamento. Lo preparó en un vaso plástico de los que te regalaban en cualquier gasolinera con la compra de un Big Gulps, allá por 1998... así que fue una ocasión *muy* elegante. La bebida como tal era más dulce que los palitos con polvo Pixy Stix y tenía una sombra verde neón como la que típicamente solo encuentras en algo radioactivo. Me emocionó probarlo porque me hizo sentir madura, pero ciertamente no fue la droga de iniciación para irme de fiesta a la discoteca Studio 54.

La segunda vez que me tomé un trago tenía diecisiete años. Mi mejor amiga Kim y yo nos tomamos media botella de tequila barata entre las dos. Tenía el color del sirope de arce; el tipo de licor de buena calidad reservado para adolescentes idiotas y marineros de permiso en un puerto. Vomitamos todo lo que no se hallaba pegado permanentemente a nuestras entrañas y estábamos seguras de que íbamos a morir.

Estamos vivas de milagro. Y también es un milagro que ninguna de nuestras mamás nos descubriera y nos asesinaran a sangre fría.

Estas dos experiencias se encuentran muy grabadas en mi memoria, ya que fueron bastante inusuales. El alcohol nunca estuvo presente hacia el final de mi adolescencia y solo hizo raras apariciones antes de cumplir los veinticinco. Claro, me tomé una que otra copa de vino Boone's Farm como cualquier otra universitaria pobre y confundida... pero la bebida no estaba en mi radar. El día de mi boda me tomé un par de sorbos de champaña. En nuestra luna de miel probablemente probé algún tipo de bebida mezclada, pero lo hice más porque parecía un batido que por cualquier aspecto medicinal. En realidad, recuerdo que éramos recién casados y fuimos a una cena, y otra pareja comentó sobre todo el vino que consumían. Dave y yo hablamos de esto cuando manejábamos a la casa.

«¿Escuchaste cuánto vino ella dice que toma? ¡Es una locura!».

Me senté sobre mi casa con techo de cristal y juzgué una conducta que no podía entender.

Entonces llegaron mis hijos.

Entonces llegaron mis hijos y el vino se convirtió en mi mejor amigo. ¿Los cocteles? Esos eran como los primos favoritos que ves solamente en los días festivos... lo cual equivale a decir que solo los disfrutaba en ocasiones especiales.

¿Es gracioso o deprimente reconocer que antes de tener hijos nunca entendí realmente por qué alguien tomaba? Entonces de pronto era yo la que me sentía agotada, abrumada y con los nervios de punta. Descubrí que podía tomarme una copa de vino y mágicamente me sentía mejor. Cuando mis hijos mayores eran pequeños, consumir alcohol se convirtió en parte de mi rutina. Llegaba a casa del trabajo, me ponía mis pijamas (porque los sostenedores son obra del diablo), y me servía una copa de vino mientras cocinaba la cena.

De adolescente vi *La gata sobre el tejado de zinc caliente* y me enamoré de Elizabeth Taylor y Paul Newman abriéndose camino en una plantación al sur de Estados Unidos. En la adaptación para el cine de la obra, Brick se había convertido en alcohólico, y en una escena particular está discutiendo con «Big Daddy» (interpretado impecablemente por Burl Ives) y le dice que necesita un trago. Brick le explica sobre el «clic» que se produce cuando bebe lo suficiente y se siente tranquilo.

La versión adolescente de mí pensó que Paul Newman estaba realmente exagerando y que la descripción de ese «clic» era teatro sureño. Pero entonces comencé a tomar vino por las tardes cuando llegaba a casa del trabajo. Sin darme cuenta, contaba mis pasos hacia ese clic con cada sorbo de vino blanco. Entre el primer sorbo y el quinto sentía que comenzaba a relajarme. Para el décimo sorbo ya estaba totalmente calmada y podía ocuparme de mis hijos mucho mejor y sin dificultad.

Esa copa de vino por la noche se convirtió en dos copas cada noche. Dos copas de vino por la noche se convirtieron en un hábito de siete días a la semana que aumentaba en cantidad durante el fin de semana.

Todas las mañanas me levantaba un poco mareada o tenía que tomar ibuprofeno para contrarrestar mi dolor de cabeza. Todas las mañanas se lo achacaba a las hormonas o la falta de sueño.

Me negaba a reconocer que se trataba de mi resaca diaria.

Tan pronto llegaba a las reuniones sociales o las actividades de trabajo buscaba un coctel o una copa de la bebida distintiva. Estar rodeada de gente me hacía muy consciente de *hacerlo bien*. Razonaba que mientras más relajada estuviera, más capaz sería de mantener conversaciones elocuentes.

El alcohol me daba valor.

Me daba el valor para criar a mis hijos. Me daba el valor para entablar conversaciones con extraños. Me daba el valor para sentirme atractiva. Eliminaba cosas como la ansiedad, el miedo, la frustración y el coraje con una acidez jugosa y un perfil de sabor balanceado.

Estoy tratando de recordar el momento en que me di cuenta de lo perjudicial que todo esto era para mí, y no viene a mi mente un instante claro y preciso. Solo recuerdo que de pronto me sorprendí diciéndome: «Necesito una copa de vino».

Como escritora, presto mucha atención a las palabras. En esta ocasión, en aquel día común y corriente, me percaté de la palabra *necesito*.

Necesito implica que algo es esencial, necesario. Entonces, ¿cuándo cambió mi pensamiento de que el vino podría ser un suplemento agradable para mi noche a creer que era esencial para mi supervivencia? La idea resultaba aterradora.

Era aterradora porque vengo de una larga línea de alcohólicos y no quería convertirme en una. Me detuve de inmediato. No consumí ningún tipo de alcohol todo el tiempo que fue necesario para darme cuenta de que en realidad no lo necesitaba. Después de casi un mes sin probar una gota de alcohol, y luego de confirmar que el mundo seguía girando sobre su eje aun sin beber, me sentí más en control. Ocasionalmente me tomaba un trago, pero no sentía el deseo de tomar cuando estaba estresada.

Y entonces llegaron las niñas del programa de acogimiento en familias.

Aquel verano nos inscribimos en el programa de hogares de acogida con vistas a adoptar en el condado de Los Ángeles. Comenzamos de inmediato. Al mirar en retrospectiva, creo que estábamos muy eufóricos sobre el tiempo que habíamos tenido con los niños y muy ávidos por ayudar. Debimos haber retrocedido un poco antes de acceder a comenzar. Sin embargo, en aquel momento no lo sabíamos. Éramos muy ingenuos con respecto a todo lo que venía o lo difícil que sería, así que dijimos que sí y pasamos de tres a cinco niños en cuestión de un par de semanas.

Aquellos días fueron un caos absoluto de la manera más hermosa posible. Dave y yo vivíamos todo el tiempo en un modo de supervivencia; nuestra única misión cada día era mantener ocupados a cinco niños entre las seis de la mañana y las ocho de la noche. Jugábamos en el patio, brincábamos en la cama elástica y pasábamos horas y horas nadando en la piscina. Manejábamos algunos serios problemas de salud con la bebé y el trauma de su hermanita mayor. Limpiábamos mil derrames, besábamos rodillas peladas y les recordábamos a todo el mundo que fueran amables. ¿Y por la noche, cuando estaban acurrucados en sus camas?

Tomábamos vodka.

¿El vino? El vino había pasado a la historia. El vino ni siquiera aliviaba ligeramente el nivel de agotamiento, miedo y agobio que experimentábamos. El vodka era mi copiloto y me sentía profundamente agradecida por su presencia en mi vida. Comenzamos a lidiar con los padres biológicos y varias consultas médicas a la semana. Estábamos atrincherados en el Departamento de Servicios a Niños y Familias (DCFS, por sus siglas en inglés) y en una batalla contra un sistema que no funcionaba y al que ahora pertenecíamos.

¿Cómo sigues recibiendo bebés solo para ver a padres que no son padres? ¿Cómo sacrificas la mitad de un sábado para esperar en el área de juegos de un McDonald's por adictos que pueden o no presentarse, y luego les entregas a una bebé inocente y ves cómo borran cualquier avance que hayas hecho con su hija? ¿Cómo haces todo esto *sabiendo* que, al final, ellos terminarán reunidos y no puedes hacer nada al respecto? Si eres como yo, buscas alguna manera. No obstante, por la noche, cuando nadie te está mirando, consumes alcohol, y si la cosa se pone realmente difícil, también te tomas un calmante.

Recuerdo esos días y siento pena por aquella versión de mí. Siento pena por la mamá más joven que necesitaba su vino todas las noches y por la mujer que luchaba para mantener su cabeza fuera del agua. En cierto modo, siento que también hay algo de vergüenza, porque si no puedo ser fuerte por mí misma, al menos quiero ser fuerte por mis bebés. No quiero que conozcan una versión de mí que usaba algo para tranquilizarse. Esto me hace ser muy consciente de aquella mamá biológica con la que me encontraba en McDonald's, y me hace pensar en su adicción bajo otra perspectiva. Provoca que me pregunte si tal vez algunas de ustedes que están leyendo esto también tienen su propia versión de este tipo de mecanismo de defensa.

Durante el último año he recibido cada vez más correos electrónicos de mujeres preocupadas por lo mucho que están bebiendo. La bebida no es suficiente para que sea un problema real, me dicen... todavía. Por el momento, sus familias y amistades piensan que ellas simplemente son el alma de la fiesta, o no saben de verdad cuánto están consumiendo. Sin embargo, les preocupa que el asunto esté empeorando. Están subiendo de peso y gastando dinero. Es difícil abandonar la bebida, porque la acción es muy sencilla. Un sorbo, un *clic* es todo lo que se interpone entre ellas y no gritarles a sus hijos. Un poco de alcohol marcará la diferencia entre la ansiedad y la calma, o la frustración y la satisfacción.

En los años más recientes de mi carrera he recibido notas de agradecimiento por mi sinceridad. He escuchado que después de contar mi historia, otras mujeres sintieron que no estaban solas. ¿Esas mujeres que me escribieron sobre su consumo de alcohol? Ellas han hecho lo mismo por mí. También me han dado una verdad poderosa para pelear contra esta mentira: mi lucha no es exclusiva; por lo tanto, no tengo ningún problema. Si no tengo ningún problema, no tengo razón para automedicarme.

No nos engañemos: tomar de la forma en que yo tomaba es una manera de medicarse. La vida se sentía difícil o abrumadora, así que puse algo en mi cuerpo para que se sintiera mejor. No obstante, era una solución a corto plazo para un problema que no iba a desaparecer. Cuando el alcohol se disipaba, mis problemas todavía estaban allí. Cuando se acababa el vodka, todavía tenía que lidiar con una de las experiencias más difíciles de mi vida; todavía tenía que empacar las mochilas de aquellas bebés y ponerlas en un auto con una trabajadora social para que se reunieran con su familia.

El consumo de alcohol puede ser un intento de escapar, pero no puedes escapar a las realidades de tu vida para siempre. En la mañana aún estarán allí, solo que ahora tu capacidad para enfrentarlas ha disminuido, porque tu «medicina» te enfermó más.

En realidad, solo hay una forma de manejar apropiadamente los estreses de esta vida, y es fortaleciendo un sistema «inmunológico» saludable (a falta de una mejor descripción). Quédate conmigo... te prometo que estas analogías van a tener sentido en un minuto.

Cuando naces, llegas al mundo gritando y sin ninguna protección real. Básicamente, tu sistema inmunológico no existe, por eso la gente que se preocupa por todo —como yo— mantiene a sus bebés recién nacidos envueltos como esquimales hasta en el verano. A medida que creces, tarde o temprano te enfermas por primera vez, lo más seguro gracias a que tienes un hermano mayor que traerá a la casa algún virus del preescolar. Puedes sentir miedo cuando te enfermas con algo que nunca has padecido antes; sin embargo, es absolutamente necesario para fortalecer tu sistema inmunológico. Una vez que lo sobrevivas, tu cuerpo estará capacitado para combatir siempre ese tipo de enfermedad y podrá enfrentar tipos similares de problemas, porque ya ha pasado antes por eso.

De vez en cuando, alguna infección nos atacará y nuestro sistema inmunológico no será lo suficiente fuerte para combatirla, y entonces alguien nos recetará algún antibiótico. ¡Cuando yo era pequeña, te daban antibióticos para todo! ¿Amigdalitis? Antibióticos. ¿Un golpe en el dedo gordo del pie? Antibióticos. No obstante, en algún punto entre el tiempo en que yo era pequeña y el momento en que tuve a mis hijos, los doctores se dieron cuenta de que si tomabas demasiados antibióticos, tu cuerpo jamás aprendería a combatir nada por sí mismo. Era necesario poner tu sistema inmunológico a prueba; era preciso que te enfermaras a fin de descubrir qué herramientas resultaban necesarias para salir adelante.

¿Ves ahora a dónde me dirijo?

Los tiempos difíciles que atravesamos nos enseñan a fortalecernos para poder enfrentar cualquier situación. ¿La gente más fuerte que conoces? Seguramente han andado por caminos bastante difíciles y desarrollado las destrezas necesarias para ser gigantes emocionales. Cuando se topan con situaciones difíciles, sus cuerpos experimentados dependen de los buenos anticuerpos que han desarrollado para manejar ese tipo de escenario. No se medican, ya que tienen la fortaleza necesaria para lidiar con el problema por sí mismas, y saben que si se medican probablemente se sentirán más débiles.

Tuve que aprender mejores formas de manejar el estrés y enfrentar los tiempos difíciles. Tuve que aprender mejores hábitos.

Tomarse un trago siempre será la solución más fácil; requiere el menor esfuerzo, pero exige el precio más alto como castigo. Una corrida, salir a cenar con mis amigas, orar, ir a terapia o permitirme llorar son los mejores métodos que conozco para desarrollar las fuerzas necesarias a fin de seguir adelante. Estos hábitos me fortalecen lo suficiente, y así no tengo que recurrir a la salida fácil.

Por mucho tiempo pensé que *necesitaba* un trago. Quizás no tengas idea de cómo se siente eso. Tal vez para ti el «trago» sea una píldora recetada, o la comida, o la pornografía. O quizás estás leyendo esto y pienses que nunca harías algo así de terrible. Si es así, entonces quiero pedirte que le des un buen vistazo a tu vida. Conozco a muchas mujeres que ven la televisión por horas y horas, o leen obsesivamente novelas rosas, porque en esos espacios de tiempo se sienten lejos del mundo; en esos espacios pueden escapar de los aspectos difíciles de sus vidas silenciándolos con la distracción. La comida, el agua, un techo, las relaciones saludables... estas son las cosas necesarias. Todo lo demás que insertes en esta categoría se convierte en una muleta peligrosa, y no necesitas muletas si eres lo suficiente fuerte para caminar por tu cuenta.

Si no te sientes fuerte, si mientras lees estas líneas sientes que tu alma está débil... quiero que te preguntes si te estás esforzando para encontrar fortaleza o si estás buscando una solución fácil. Nunca es fácil adquirir fortaleza.

Es como desarrollar tus músculos en el gimnasio. Primero tienes que derribar las partes más débiles de ti misma antes de que puedas reconstruirlas. Con frecuencia, el proceso es doloroso, y toma tiempo... a menudo mucho más del que cualquiera espera. Igual que con tu sistema inmunológico, te fortalecerás en un área y entonces llega algo difícil que no has enfrentado antes. Tendrás que aprender y crecer en un área nueva, y esto puede sentirse desalentador si ya has atravesado otras épocas difíciles en el pasado.

Sin embargo, es atravesando esos momentos que te vuelves más fuerte; es así que llegas a ser la persona que deberías ser.

LAS COSAS QUE ME AYUDARON...

1. *Aprender sobre los hábitos.* El año pasado leí un libro extraordinario titulado *The Power of Habit* [El poder del hábito] de Charles Duhigg. Resulta que muchas de nuestras conductas negativas —consumir alcohol, fumar, etc.— son hábitos profundamente arraigados que se desencadenan por una señal específica. En mi caso, me sentía estresada y esto desencadenó el mal hábito de la bebida. Al identificar mi señal, pude reemplazarla con un mejor mecanismo de defensa, que para mí es pasar tiempo con mis amigas o correr largas distancias.

2. *Reconocer mi realidad.* Tener conciencia de nosotras mismas es una de las destrezas más importantes para adquirir en el mundo. Durante muchos meses ignoré los efectos secundarios negativos de la bebida, hasta que un día finalmente me obligué a reconocer quién era y lo que de verdad estaba ocurriendo. Es muy fácil ignorar este tipo de debilidad, en particular si está envuelto en un mecanismo de protección o defensa; sin embargo, nunca superarás un problema si ni siquiera puedes reconocer que lo tienes.

3. *Eliminar la tentación.* Si te preocupa lo mucho que estás bebiendo, elimina el acceso al alcohol. Si no puedes dejar de comer galletas cuando estás estresada, no traigas galletas a tu casa. Sin duda, las luchas difíciles son mucho más profundas que simplemente tener acceso a algo, pero es mucho más fácil ceder a esas tentaciones si las tienes justo frente a ti.

CAPÍTULO 19

La mentira:

SOLO HAY UNA MANERA CORRECTA DE SER

Me crie en el sur de California, pero habría sido lo mismo si hubiera nacido en el oeste de Texas, considerando todos los camiones, los acentos y la música country que se extendían a lo largo de los campos polvorientos en todas direcciones. Bakersfield es el nombre de una ciudad que tal vez habrías reconocido aunque no hubieras nacido allí, pero aun eso está lejos de la realidad. En realidad, llegué a casa del hospital y me abrí camino hasta la adolescencia en un pueblito en las afueras de las afueras llamado Weedpatch.

Weedpatch y las comunidades aledañas fueron fundadas originalmente por trabajadores agrícolas migratorios que viajaron desde Oklahoma a California durante la sequía y las tormentas de polvo en la década de los treinta. ¿Has leído *Las uvas de la ira*? O, lo más probable, ¿viste alguna vez la película en la clase de historia del décimo grado?

Pues bien, esa es mi gente.

Mi gente proviene de Oklahoma, Arkansas y Kansas. Las generaciones anteriores a ellos son irlandeses y escoceses; lo que equivale a decir que nos antecede una larga historia de personas fuertes y orgullosas profundamente arraigadas en su religión y las tradiciones de su cultura. Cuando a esto le añades que mi padre era ministro pentecostal y mi abuelo era ministro pentecostal, hubiera sido casi imposible para mí llegar a este mundo sin algunas ideas firmes sobre lo que significaba ser de la forma *correcta*.

Los ancianos de nuestra comunidad no señalaban a otros con el dedo ni decían que estaban mal, pero nuestra comunidad solo incluía a personas que se veían, actuaban y pensaban como nosotros. Éramos blancos, de bajos ingresos, conservadores, íbamos muchísimo a la iglesia y no teníamos mucha experiencia más allá de un radio de diez millas de nuestro pueblo.

Yo no sabía que ser como los *otros* era malo, porque no sabía que los *otros* existían.

Cuando estaba en la secundaria, fui a Disneylandia con la banda sinfónica para tocar el clarinete. Era la primera vez que salía de mi pueblo natal sin un familiar y la oportunidad me hizo sentir extremadamente mundana. La gente dice que Estados Unidos es un crisol, pero Disneylandia era una ensaladera. Nadie se mezclaba; todos se distinguían en su gloriosa diversidad. Había grupos enteros de amigos esperando para montarse en las tazas giratorias, y ninguno era de la misma raza. Cerca de una montaña rusa vi a dos hombres tomados de mano y por poco se me salen los ojos del cráneo. Aun entre la gente que se parecía a mí, los estilos individuales iban más allá de lo que podía entender: góticos, pijos, de pelo púrpura, con perforaciones en el cuerpo, tatuajes... ¡vi de todo! Este fue mi primer contacto real con personas distintas a mí, y no sabía qué hacer aparte de mirarlas como si fueran animales en un zoológico.

Supongo que hay muchísimas jóvenes cuyas vidas son más encerradas y protegidas que la mía, pero escribir sobre estas cosas ahora me resulta chocante considerando la diversidad de mi vida adulta.

Recientemente he pensado muchísimo en esto, sobre lo que entendía mientras crecía y lo que creo ahora. Ha estado latente en mi corazón, porque estamos viviendo un tiempo en el que la gente está trazando rayas en la arena. Y aunque detesto admitirlo, entiendo esas rayas... en un tiempo, era yo quien las trazaba. Un patio en la escuela segregado por todo, desde la raza hasta la religión y el precio de los *jeans* que usabas, tenía absoluto sentido para mí, ya que era todo lo que conocía. Sin embargo, no puedes reclamar una inocencia de niña para siempre. En un momento dado creces lo suficiente para entender que muchas personas aquí en la tierra son distintas a ti, y lo que haces con ese conocimiento define gran parte de tu historia.

He creado un negocio que se basa en la idea de la comunidad con otras mujeres, y constituye un tapiz digital de personas procedentes de todas partes del mundo. Lo que he descubierto a través de los años es que no importa lo distintas que podamos vernos, somos más parecidas que diferentes. Las mamás que me siguen en Dubái tienen muchas de las mismas preocupaciones sobre ellas y sus familias que las mamás de Manila o Dublín, o de la Ciudad de México. Creo que el Señor me dio esta plataforma para ser una buena pastora de este rebaño diverso y hermoso. También creo que sería imposible amarlas bien si primero les exigiera que sean como yo para poder hacerlo.

Soy cristiana, pero te amo y te acepto completamente, y quiero compartir contigo y que seamos amigas si eres cristiana o musulmana o judía o budista o *jedi*, o si amas al sexo opuesto o amas al mismo sexo o amas a Rick Springfield desde 1983. No solo eso: también creo que la capacidad de buscar establecer una comunidad con personas distintas me convierte en una versión más fuerte y mejor de mí misma. Intentar estar en comunidad con personas que no se ven ni votan ni creen como tú, aunque a veces sea incómodo, te ayudará a ensancharte y llegar a ser tu mejor versión.

Los sábados por la mañana voy a una clase de baile hip-hop. Y solo para ser clara, no estoy hablando de un baile cardio en el gimnasio o la Zumba... me refiero a una verdadera clase al estilo «cuenta de ocho en ocho lo más rápido que me he movido en toda mi vida».

Y soy malísima.

Empujo cuando se supone que gire; pateo cuando se supone que retroceda. Imagínate a tu tía Mildred tratando de sortear la pista de baile después de demasiadas copas de Chardonnay en la tercera boda de tu prima Carla. Estoy en *ese* nivel de tragedia. Como es tan difícil dominar un baile como ese cuando no tienes experiencia, y debido a que estoy rodeada de bailarines y bailarinas profesionales, jóvenes y elegibles que parecen entender el baile cuando yo no entiendo ni jota, me he cuestionado —más de una vez— por qué estoy allí.

Te voy a explicar por qué estoy allí: aparte de mi amor profundo y eterno por la música de los noventa, realmente quiero llegar a ser una mejor bailarina. La verdad es que prefiero pasar por el proceso duro y difícil de tratar de entender, preguntar y buscar dirección que conformarme con la acolchada zona de comodidad donde la vida no es difícil, pero tampoco crezco. Maya Angelou dijo: «Mientras más sabes, mejor lo haces». Quiero saber más para poder hacerlo mejor.

Abordo mi deseo de comunidad de la misma manera en que abordo esa clase de baile.

Prefiero quedar como una tonta frente a otras profesionales con más experiencia porque estoy dispuesta a pararme al lado de ellas y parecer una principiante. Prefiero mirar mi incertidumbre en retrospectiva de aquí a un año o a diez años mientras pasaba trabajo escribiendo este libro, que solo haber escrito sobre temas fáciles porque eran seguros. Mi incertidumbre es prueba de que estaba intentando crecer.

Tenemos que considerar si hay áreas donde nos mantenemos seguras entre las rayas que hemos trazado o que nuestra familia de origen ha trazado por nosotras. ¿Y cómo podemos reconocer la comunidad *correcta* que debemos buscar si nunca antes hemos sido parte de ella? ¿Me tratarías de una manera distinta a causa de una de mis creencias? ¿Decidirías que no podemos ser amigas si tuviéramos una diferencia de opinión? Hazte esta pregunta: ¿Cabe la posibilidad de que las conversaciones que podríamos tener, que los asuntos con los que tendríamos que lidiar y las actitudes que tendríamos que adoptar para poder desarrollar una relación significativa pudieran ayudarnos a llegar a ser mejores versiones de nosotras mismas?

Una de mis mejores amigas es lesbiana, afroamericana y mexicoamericana. Tres narrativas increíblemente poderosas que la han convertido en la mujer que es hoy día, y hay muchísima fuerza, historia, belleza, confianza, dolor, empatía, ira, verdad y valor en su historia. ¿Qué tal si nunca la hubiera escuchado? Yo, la niña que hace años miró a una pareja en Disneylandia como si estuvieran en una exhibición. Yo, la que hace un tiempo usaba *con frecuencia* despectivamente la frase «eso es gay». Yo, que solía vivir dentro de una burbuja donde nunca interactuaba con chicas que no fueran blancas. ¿Qué tal si me hubiera quedado allí? ¿Qué tal si no hubiera buscado intencionalmente una iglesia que fuera multicultural para que nuestros hijos no crecieran en el mismo mundo homogéneo de nosotros?

¿Qué tal si no hubiera invitado a mi amiga a un *happy hour* aquella primera vez? ¿Qué tal si ella no hubiera sido infinitamente bondadosa conmigo cuando dije o pregunté cosas que ahora entiendo que eran hirientes? ¿Qué tal si no hubiéramos tenido el tipo de relación donde ella podía ponerme en evidencia y explicarme cariñosamente por qué aquella frase particular era ofensiva? ¿Qué tal si no hubiera estado dispuesta a pasar por la incomodidad de lidiar con toda una vida de prejuicio inconsciente? ¿Qué habría significado todo esto para mi trabajo, mis hijos y lo que ellos han crecido convencidos de que es la verdad? Y más allá de lo que he aprendido, ¿qué tal lo que he recibido? ¿Qué me dices de las horas en las que nos hemos reído hasta que nos duele el estómago? ¿Y qué de los nueve millones de *memes* con los que nos hemos etiquetado? ¿Qué me dices del hombro en el que tanto yo como Dave lloramos durante nuestro proceso de adopción? ¿Y qué de las vacaciones, las salidas al cine y aquella vez que vimos a Britney Spears en concierto? Todo se hubiera perdido. Tanto amor y sabiduría y amistad todavía estarían al otro lado de aquella raya en la arena.

Hace algunos años, uno de los amigos de Dave estaba en la ciudad con su familia y los invitamos a cenar en nuestra casa. Era la primera vez que conocería a este amigo y a su esposa, y la primera vez que nuestros hijos conocerían a su hijo. Todavía hoy en día su hijo es, sin duda alguna, la persona más genial que conozco. No podemos compartir mucho con él, porque vive en otro estado, pero cada vez que lo hacemos, me sorprende lo gracioso, sabio y fuerte que es. Aquella primera vez no sabía mucho sobre él; solo estaba enterada de que tenía una discapacidad. No sabía si usaba una silla de ruedas o un andador, y me preocupaba cómo hacerlo sentir cómodo en nuestro hogar. Me preguntaba de qué forma debía preparar a los niños por adelantado... mi miedo era que hicieran preguntas inapropiadas o dijeran sin querer algo que ofendiera a nuestros nuevos amigos. ¿Debía hablarles sobre sus diferencias y explicarles que no importaban? ¿Debía asegurarme de que entendieran que los amigos son amigos independientemente de cómo se ven o cómo se mueven? ¿Debía explicarles lo más posible sobre lo que él podía o no podía hacer para que no hicieran más preguntas?

Tenía muchísimas preguntas e incertidumbre mientras pensaba en cómo explicarles su condición a mis muchachos... pero entonces me di cuenta de algo. Estaba a punto de enseñarles a mis hijos a trazar una raya en la arena. Estaba a punto de resaltar las cosas que hacían diferente a nuestro nuevo amigo, y por lo tanto, lo convertiría en *otro*. Después de todo, durante mi niñez, la división invisible y forzada entre «nosotros» y «ellos» (intencional o no) hizo que los demás se vieran mal. Así que aquel día decidí que no les diría nada excepto que un nuevo amigo vendría a jugar con ellos. Cuando nuestro amigo llegó a casa, nuestros hijos pensaron que su andador era lo más extraordinario del mundo. Le suplicaron que los dejara usarlo. Corrieron de arriba abajo por todo el pasillo probando todos sus botones. Nunca habían jugado con alguien que tuviera alguna discapacidad, pero aquel día ni siquiera se les ocurrió que fuera inusual. He visto esto una y otra vez cuando conocemos amigos con síndrome de Down, autismo o parálisis cerebral. El círculo de amistades de nuestros hijos está compuesto de muchos colores, religiones y capacidades, y a él pertenecen todo tipo de familias. Lo diferente no es extraordinario para ellos; lo diferente es normal. En nuestro cajón de arena no hay rayas.

No hay una manera correcta de ser mujer. No hay una manera correcta de ser hija, amiga, jefa, esposa, madre, o cualquiera sea la categoría donde te ubiques. Hay muchísimas versiones distintas de cada estilo en este planeta, y la belleza vive en esa dicotomía.

El reino de Dios está en esa dicotomía.

Cuando termina cada clase de hip-hop, el grupo se divide para que cada cual pueda ver bailar a los demás. Hay todo tipo de personas, de todas las clases sociales, y todos estamos sudados y apestosos, pero nos sentamos uno al lado del otro para animar a los demás. Imagínate el escenario: un grupo grande de personas con el compromiso de trabajar duro y juntas, unidas simplemente para animar al resto del grupo. ¿Puedes ver la belleza en esto? Y esa no es siquiera la mejor parte. Lo mejor de este tiempo juntos es cómo cada cual interpreta el ritmo de una manera distinta. Todos aprendemos exactamente los mismos movimientos (al menos *ellos los aprenden*, nadie sabe con lo que yo pueda salir), pero el baile de cada persona se ve distinto al de todos los demás. La muchacha que creció bailando ballet tiene movimientos naturales y elegantes. El chico que sabe bailar *break dance* presenta su estilo propio. Todos estamos practicando lo mismo... pero todos lo hacemos de una manera distinta.

Y es hermoso contemplar nuestros estilos diferentes.

¿Qué pasaría si no creyéramos que conocemos todas las respuestas? ¿Qué tal si siempre estuviéramos haciendo preguntas? ¿Qué tal si no nos conformáramos con el mundo donde nos sentimos cómodas y nos esforzáramos por buscar más? Esto significaría que encontraríamos relaciones verdaderas con otras mujeres en un nivel profundo en lugar de solo tener una percepción superficial.

No necesitamos cambiar todas nuestras convicciones para que esto sea realidad. Simplemente tenemos que ajustar nuestra actitud para considerar a una comunidad más amplia e inclusiva.

Si ajustamos nuestra actitud, cambiará nuestra forma de hablar.

Si ajustamos nuestra actitud, cambiará nuestra forma de escuchar.

Si ajustamos nuestra actitud, veremos a la persona y no la categoría a la que pertenece.

Esto se aplica a cada raza, religión, afiliación política, orientación sexual, antecedente socioeconómico o cualquier otra categoría con la que podamos soñar. Todo esto se trata de vivir esta vida con personas que no se ven ni piensan ni votan como nosotras... ¡ese es nuestro llamado a las armas! Chicas, ama a tu prójimo no fue una sugerencia, ¡fue un mandato! ¿Cómo rayos vas a amar a tu prójimo si no lo *conoces*? Y no me refiero a saludarlos en el supermercado; me refiero a realmente salirnos de nuestra zona de comodidad y *vivir la vida* con diferentes tipos de personas... aunque nos estemos preguntando si todo lo están haciendo mal. ¡Caramba, *especialmente si pensamos que todo lo están haciendo mal!* Necesitamos pertenecer a una comunidad más amplia, no porque estemos tratando de refinar su claridad acerca de un tema, sino porque tenemos la esperanza de suavizar los filos de nuestros propios corazones.

¿Cómo se percibe tu historia? ¿Está llena de los mismos colores y líneas? ¿Acaso todos los personajes en tu libro se ven y actúan iguales? Imagínate qué pasaría —imagínate lo hermosa que se vería esa misma escena, lo que eso significaría para tu visión del mundo o *la visión del mundo de tus hijos*— si añadieras matices, narrativas y diálogos diferentes. ¿Qué significaría si desafiaras tu perspectiva de vez en cuando? ¿Qué significaría para tu relación con tu propia inteligencia si tuvieras que hacer más preguntas? ¿Cómo se afectaría la conducta de otras personas si vieran tu corazón imparcial y abierto, dándoles la bienvenida a nuevas amistades? ¿Qué podríamos lograr en nuestras comunidades si tomáramos toda la energía que típicamente gastamos en trazar rayas y la usáramos mejor para acercar más a nuestros vecinos?

Cada día puedes elegir cómo se ve tu mundo. Independientemente de la forma en que te criaron o lo que te enseñaron a creer, tú decides hacia dónde se dirige tu historia a partir de aquí. Mira las imágenes en tu libro... ¿son todas del mismo color?

Cada año cierras un nuevo capítulo en tu historia. Por favor, por favor, *por favor*, no escribas el mismo capítulo setenta y cinco veces para después decir que fue una vida.

LAS COSAS QUE ME AYUDARON...

1. *Cambié de iglesia.* Un día, Dave y yo miramos a nuestro alrededor y nos dimos cuenta de que asistíamos a una iglesia pudiente en Bel Air y que el 99,9 % de la congregación era blanca. Esa no es la representación del cuerpo de Cristo. El cuerpo de Cristo tiene todos los colores, estilos y antecedentes. Cuando buscamos una iglesia que fuera intencionalmente multiétnica, multicultural e intergeneracional encontramos una comunidad real.

2. *Reconocí mi posición.* No es fácil admitir que has hecho, dicho o creído cosas que eran hirientes, especialmente cuando no eras consciente de ellas; pero si no reconoces el problema, ¿cómo vas a cambiar? Mira a tu alrededor. ¿Cuánta diversidad ves? ¿Estás rodeada de personas que son *exactamente* como tú? Si es así, comienza a buscar nuevas amistades y nuevas experiencias.

3. *Hago preguntas con una actitud humilde.* Mi querida amiga Brittany ha sido una maestra excepcional para mí en muchos aspectos, porque me permite hacerle preguntas sobre la raza, el

privilegio blanco, y el prejuicio inconsciente que en mi ignorancia podrían ser hiriente. Ella me dijo en una ocasión: «Rachel, nunca me voy a ofender si me preguntas. Lo que me ofende es que alguien que no es de mi raza asuma que conoce la respuesta». Así que hago las preguntas... y las hago con humildad.

CAPÍTULO 20

La mentira:

NECESITO UN HÉROE

Por lo menos uno de mis capítulos debe titularse igual que una canción clásica de los ochenta, ¿no te parece? Vamos, no finjas que no recuerdas la escena en *Footloose* donde compiten con un movimiento combinado sobre sus espaldas. ¡Es épico! Esto no tiene nada que ver con este próximo tema, pero cada vez que puedo, me encanta recordar la insigne carrera cinematográfica de Kevin Bacon.

Y hablando de *bacon* (tocino)...

Cuando niña, yo era algo llenita.

Y no es que necesariamente una cosa tuviera que ver con la otra (o tal vez sí), pero tampoco era lo que alguien llamaría «atlética». Era la presidenta del club de drama, una preadolescente que se quedó en las Girl Scouts [Niñas Exploradoras] mucho después de que eso había pasado de moda y que también cargaba una tarjeta de membresía de la FFA. Esto es los Futuros Granjeros de América (por sus siglas en inglés), para cualquiera de ustedes que no haya crecido en la tierra de Dios.

Intenté algunos deportes según mi talla. Y un año algo extraño, de alguna manera cualifiqué para el equipo de tenis de mi escuela superior. Sin embargo, mi único recuerdo real de aquella temporada son las fotos que nos tomamos, donde salgo con una rotura enorme en mi media que no vi hasta que publicaron las fotos. ¡Vaya forma de tentar a los chicos con fotos mías tamaño billetera vistiendo la falda de tela escocesa que heredé de mi hermana!

Nunca fui más que mediocre en cualquier tipo de deporte, y sinceramente, no me importaba. Todas tenemos nuestros talentos, y los míos están bien, pero que bien lejos del campo de atletismo.

Entonces, hace algunos años, cuando estaba embarazada con nuestro tercer hijo, Dave entrenó y corrió un medio maratón. Sé lo que estás pensando, porque definitivamente también lo pensé. ¿Qué clase de *monstruo* decide ponerse en tremenda forma por primera vez mientras su esposa tiene el tamaño de una de esas casas diminutas en HGTV?

¡Dave Hollis! ¿Quién más?

Se veía muy bien y tenía muchísima energía, ¡y yo estaba tan celosa que podía reventar! Aunque correr distancias largas no era algo que jamás hubiera aspirado a hacer, el que no *pudiera* hacerlo debido a mi vientre abultado me molestó.

El año siguiente, cuando Dave hizo planes para correr en la misma carrera, salté a bordo. Lo gracioso es que, si me hubieras preguntado en cualquier momento de mi vida, te habría dicho felizmente lo mucho que *detestaba* correr. Sin embargo, aunque quizás no sea una atleta, sí soy muy competitiva. Quería probarme a mí misma que podía correr trece millas sin morirme... tal como él lo había hecho. Quería probarles a nuestros hijos que los papás y las mamás pueden ser fuertes y atléticos. En cierto modo, también quería ver si realmente no tenía destrezas atléticas o si tal vez solo era algo que siempre había creído sobre mí.

Así que comencé a entrenar para el medio maratón... y por si tienes alguna curiosidad, es como correr en arena mientras cargas una mochila llena de budín.

Todo es difícil. Todo se siente incómodo. Con cada milla sientes más deseos de vomitar. Sin embargo, no me di por vencida, y despacio —tan desagradablemente despacio— me volví más fuerte y mejoré, un cuarto de milla a la vez.

Y resulta que, en realidad soy una excelente corredora de distancias largas. Mis piernas son cortas, así que Dave (o básicamente cualquiera) me puede ganar en una carrera de velocidad todo el tiempo. No obstante, esta es la cosa: *muy* pocas personas (y puedo decir esto confiadamente) pueden manejar el principio de *la mente sobre el cuerpo* tan bien como yo. He sobrevivido a cincuenta y dos horas de parto. He levantado una compañía desde sus cimientos usando mi inteligencia callejera y el dinero en efectivo de mi trabajo diurno. He basado mi vida en no darme por vencida con las metas que me he establecido. Así que, si digo que voy a correr trece millas, ¡puedes contar con que voy a correr trece millas!

Esto significa que cuando llega la milla seis y Dave quiere rendirse y empieza a caminar, yo le paso por el lado volando, al estilo de la liebre y la tortuga.

El primer medio maratón en el que me inscribí fue una carrera en Disney. Como nota al calce, *por favor, por favor, por favor,* ¡proponte correr una carrera en Disney alguna vez en tu vida! Ellos tienen 5K, 10K y medios maratones, y no creo que jamás haya vivido una experiencia tan divertida y edificante. Es importante resaltar el elemento de la diversión, porque caminé hasta la línea de partida aquella mañana con tanto miedo por lo difícil que sería que pensé que iba a vomitar. ¡Sin embargo, en una carrera en Disney hay demasiada magia como para vomitar!

Ellos organizan las carreras dentro y alrededor de los parques, así que cuando vas corriendo pasas cerca de las atracciones, las carrozas y las princesas. Hay corredores disfrazados como los personajes de Disney y se paran para tomar fotos a lo largo del camino... es simplemente *alegre*.

Además, como ya he corrido otros medios maratones desde entonces, puedo decirte que el ánimo que te ofrecen en estas carreras es incomparable. Hay algo increíblemente conmovedor en que miles y miles de personas aúnen esfuerzos con miras a alcanzar un objetivo común. Había personas en sillas de ruedas y otras con sobrepeso severo. Había corredores de ochenta y cinco años y otros que estaban empujando a sus bebés en cochecitos. Había *mujeres embarazadas*, ¿puedes creerlo? Mujeres embarazadas asombrosamente hermosas y en forma que estaban corriendo más de diez millas con una barriga llena. ¡Quedé maravillada! A cualquier lado que miraba veía a personas desafiándose con todo su empeño a ser mejores... ¡era algo realmente hermoso! Éramos una multitud gigante llena de esperanza y sudada, compuesta de personas de todas las clases sociales que habíamos soñado este sueño y ahora estábamos juntos en el camino.

Con tanta gente, te toma algo de tiempo llegar hasta la línea de partida, pero cuando llamaron a mi grupo, en los altavoces comenzó a sonar la canción «Un sueño es un deseo que pide tu corazón» de la película La Cenicienta. Sé que suena cursi cuando lo cuento, pero estaba llorando a lágrima viva cuando llegó mi turno para empezar a correr. No dejaba de pensar: ¡Este es un deseo que pidió mi corazón! Y por primera vez no busqué excusas ni me dio pereza ni dejé de tratar... ¡lo hice!

Correr trece millas es realmente difícil, y más tarde, cuando entrené y corrí mi primer maratón, pensé que me iba a morir.

A morirme literalmente.

En algunos momentos durante la carrera veía el marcador de milla y me tomaba una selfi brincando para demostrar lo bien que me estaba sintiendo. En otros momentos, necesité todo lo que tenía para poner un pie delante del otro. Pero fue durante aquel primer medio maratón —en la milla once, para ser exacta— que me costó mucho seguir adelante. Seguía buscando en mi iPod alguna canción que me animara, porque para aquel momento ya había escuchado o saltado todas las canciones que tenía. Encontré *I Need a Hero* [Necesito un héroe] de Bonnie Tyler... adoro la música de los ochenta y siempre me llega directo al alma. Y cumplió su propósito. Me estaba sintiendo un poco mejor y aceleré mi paso, mientras cantaba con Bonnie...

Necesito un héroe...

Como sabe cualquier niño de los ochenta, toda la canción trata sobre la espera de un hombre, de un héroe, de un «Hércules listo para combatir las injusticias», y allí estaba yo, cantando al final de la milla once... cuando de pronto tuve una de las epifanías más importantes de mi vida adulta:

No necesito encontrar a nadie. Ahora, en este momento, yo soy mi propio héroe.

Fue una comprensión profunda en mi vida. Me había esforzado para hacer algo que nunca pensé que sería capaz de lograr, y esto encendió un fuego en mi alma. Nadie me obligó a correr aquellas millas. Nadie me levantó por la mañana y me obligó a investigar sobre las zapatillas apropiadas o cuáles paquetes de GU eran los menos repugnantes. Nadie sufrió de quemaduras de sol ni de ampollas, ni ahorró para pagar la cuota de inscripción.

Todo eso lo hice yo.

¿Y qué tal de todo lo que *tú has* logrado? Las cosas grandes y pequeñas que sazonan y le añaden sabor a tu vida; los logros que te han hecho la mujer que eres... todo eso *lo hiciste* tú.

En una ocasión escuché que todos los autores tienen un tema, y que básicamente escriben el mismo mensaje una y otra vez en cada libro, independientemente de la trama o los personajes. Esto es absolutamente verdad con respecto a mí, aun cuando en aquel momento no lo sabía.

Todos los libros que he escrito se basan en este tema fundamental de mi vida. Es la lección que he aprendido una y otra vez, así que de manera inevitable se entrelaza en todas mis historias... y especialmente en este libro.

Es el regalo que me gustaría darle a cada persona que conozco.

Es lo que me gustaría que alguien me hubiera enseñado de niña. En cambio, he tenido que navegar por la vida y descubrirlo por mí misma.

Es la lección más importante que tengo para darte.

Solo *tú* tienes el poder para cambiar tu vida.

Esta es la verdad. Corrí todo un maratón con Filipenses 4.13 escrito en mi mano con un Sharpie, y creo que mi Creador es la fuerza por la que puedo lograr cualquier cosa. Sin embargo, ni Dios, ni tu pareja, ni tu mamá, ni tus mejores amigas... nadie puede convertirte en algo (bueno o malo) sin tu ayuda.

Tú tienes la capacidad para cambiar tu vida. *Siempre* has tenido el poder, Dorothy. Simplemente tienes que dejar de esperar que otra persona lo haga por ti. No hay una forma fácil de salir de esto; no existen atajos. Es solo tú, la fuerza que Dios te ha dado y cuánto desees cambiar.

Espero, oro, deseo, cruzando mis dedos de las manos y los pies, que mires a tu alrededor y encuentres una oportunidad para ser tu propio héroe. Toda mujer debe sentir ese tipo de orgullo, pero si estás buscando un cambio, no solo debes desearlo, tienes que *necesitarlo*. Necesitas establecerte una meta y luego trabajar con ahínco para llegar allí. No importa si esa meta es saldar tu tarjeta de crédito, perder diez libras o correr un Iron Man. Tienes que dar el paso *justo en este momento,* mientras todavía sientes el fuego de este libro con respecto a la meta que te estás trazando. Y después, tienes que *salir a hacerlo*. Necesitas probarte que puedes lograrlo. Necesitas probarte a ti misma que eres capaz de alcanzar cualquier cosa que te propongas.

Tú tienes el poder.

Tú, la madre extenuada con tres hijos que estás considerando regresar al trabajo, pero tienes miedo porque has estado fuera del juego por demasiado tiempo. Tú, la que tienes cincuenta libras de sobrepeso y estás consciente de que tu salud está en peligro si no tomas medidas drásticas. Tú, la que todavía no has cumplido veinticinco años que deseas amor, pero que entregas tu cuerpo para sentir conexión y terminas sintiéndote más vacía. Tú, la que quieres mejores relaciones con las personas que amas, pero no puedes deshacerte de tu coraje para poder lograrlo. Tú, todas ustedes, cualquiera. ¡No sigas esperando que llegue *alguien* a arreglar tu vida! No sigas suponiendo que algún día esta mejorará mágicamente y por sí misma. No sigas asumiendo que, si solo tuvieras el trabajo correcto, el hombre correcto, la casa correcta, el auto correcto, *lo que sea* correcto, tu vida llegará a ser lo que siempre has soñado. Sé sincera sobre quién eres y lo que necesitas hacer para lograr el cambio.

Amiga, toma las riendas de tu vida. No sigas medicándote, no sigas escondiéndote, no sigas teniendo miedo, no sigas entregando pedazos de ti, no sigas diciendo que no puedes hacerlo. Calla esa conversación mental negativa, no sigas abusando de tu cuerpo, no sigas dejándolo para mañana o el lunes o el año próximo. Deja de llorar por lo que pasó y asume el control de lo que sucede ahora. Párate, ahora mismo. *Levántate* de donde has estado, sécate las lágrimas y el dolor de ayer, y comienza otra vez... ¡Amiga, lávate esa cara!

RECONOCIMIENTOS

Antes que nada, mi gratitud es para mi Chic Tribe. Años atrás comencé un blog donde escribía sobre lo que había cenado, y aun entonces, cuando mis fotos eran malísimas y no tenía idea de lo que estaba haciendo, aun *entonces,* encontré en línea una comunidad de mujeres que me apoyó. Cuando autopubliqué mi primer libro, ustedes estuvieron ahí. Cuando, con nervios e ineptitud me presenté en la televisión por primera vez, ustedes estuvieron ahí. Cuando probé Instagram o bailé en YouTube o conté historias embarazosas en Rach Talk, ustedes estuvieron ahí. Y ahora estamos aquí... con este libro y esta plataforma y esta comunidad increíble de cientos de miles de mujeres alrededor de todo el mundo... y es así porque todavía están aquí. Gracias, gracias, gracias, amigas, por estar presentes y mantenerse conmigo una y otra vez. Creo que podemos cambiar el mundo juntas... creo que ya lo hemos hecho.

Como siempre, me siento muy agradecida con mi mentora y campeona, quien casualmente también es mi agente literario, Kevan Lyon. Kevan, no estoy segura de que tenías idea de en qué te estabas metiendo la primera vez que contestaste mi llamada telefónica, pero estoy eternamente agradecida de porque me estás acompañando en este caminar.

Gracias al increíble y diligente equipo de Thomas Nelson y HarperCollins por aceptar este proyecto. Gracias también por las galletitas de queso cheddar, las papas fritas, el guacamole, el vino, los postres y todos los fabulosos refrigerios y cenas en grupo que todavía nos faltan.

Suelo pasar por lo menos seis meses del año escribiendo o editando un libro; es decir, seis meses de cambios bruscos de humor, bosquejos, procesamiento verbal y una histeria inducida por la cafeína al tiempo que intento cumplir con mi fecha de entrega. No podría hacer nada de esto sin la ayuda de un equipo increíble e incomparable de Chic que mantiene el tren moviéndose hacia adelante cuando la conductora está en posición fetal en una esquina llorando a causa de las revisiones del libro. Gracias, gracias, gracias a todos ustedes en la oficina central de Chic que continúan ayudándome a desarrollar este sueño.

Mi eterno agradecimiento a Johana Monroy, quien ha amado y cuidado de nuestra familia por muchos años. La gente me pregunta cómo me las arreglo, y la sincera verdad es que no lo hago, para nada. Detrás del telón tengo a una amiga y hermana increíble y cariñosa que cuida de mis hijos cuando el trabajo o los viajes me separan de ellos. Jojo, realmente no sé cómo podríamos vivir sin ti.

Gracias a mis hijos: Jackson, Sawyer, Ford y Noah. Agradezco inmensamente a Dios por permitirme ser su mami... es el más grande honor de mi vida.

Gracias a mi esposo, Dave Hollis, quien me ha permitido recontar gran parte de nuestra historia —no solo en este libro, sino a lo largo de los pasados ocho años de vida pública— aun cuando hacerlo fuera difícil. Tengo la bendición de estar casada con alguien que cree tan profundamente como yo en la vulnerabilidad y el poder de «yo también».

Por último, un agradecimiento importante a mis padres. Estoy inmensamente agradecida por las porciones de ustedes dos que llevo conmigo, las cuales me han hecho la mujer que soy hoy en día. Es posible que nuestra vida no se pareciera a la de nadie más; a veces fue alegre y dolorosa, caótica y mágica, buena y difícil, pero no la cambiaría por nada. Soy quien soy gracias a de quiénes provengo. Los amo a los dos.

ACERCA DE LA AUTORA

Rachel Hollis es una autora exitosa, una personalidad de la televisión, una oradora muy solicitada y fundadora y directora ejecutiva de Chic Media, la máxima autoridad en contenido digital de alta calidad para mujeres. Seleccionada por *Inc. Magazine* como una de «las treinta empresarias más importantes con menos de treinta años», Rachel usa su energía contagiosa a fin de empoderar a las mujeres para que tomen control de sus vidas y persigan sin miedo lo que les apasiona. Ella motiva, inspira y siempre está accesible, y su actitud de decir las cosas tal como son le provee un estilo refrescante que le permite conectarse auténticamente con millones de mujeres alrededor del mundo. Rachel ha trabajado con marcas reconocidas a fin de crear un contenido innovador y persuasivo para el galardonado blog de mujeres sobre estilos de vida de Chic Media. Es la autora de la exitosa serie *Girls*, que incluye: *Party Girl, Sweet Girl* y *Smart Girl*, así como del libro de recetas *Upscale Downhome*. Rachel vive en Los Ángeles, California, con su esposo y sus cuatro hijos. Para más información, visita TheChicSite.com.